Grundkurs

Nähen

Modische Accessoires und praktische Helfer

Gabriele Moosa

Im Grundkurs erfahren Sie alles Wichtige über Material und Hilfsmittel und erlernen mithilfe der bebilderten Schrittanleitungen verschiedene Techniken des Nähens.
Der zweite Buchteil enthält zahlreiche inspirierende Ideen für selbstgenähte Modelle.

Die im Grundkurs des Buches vorgestellten Grundtechniken werden auf dem DVD-Video noch einmal ausführlich dargestellt.

Der abgebildeten Menüleiste, welche Sie über den Grundkurs-Seiten im Buch finden, können Sie entnehmen, in welchem DVD-Unterkapitel Sie sich jeweils befinden. So können Sie das Buch ganz einfach neben sich legen, wenn Sie die DVD ansehen, und wissen dann immer, auf welchen Seiten Sie ggf. noch einmal etwas nachlesen können.

Nähen lernen leicht gemacht

Selbstgenähte Taschen, Kleidung, Accessoires und Wohnraumdekos sind voll im Trend und Nähen macht Spaß!

Die Arbeit mit Nadel und Faden ist nicht schwer zu erlernen, jeder Mensch kann recht schnell nähen lernen. Hat man erst mal einige wenige Grundtechniken erlernt, kann man ganz leicht viele einzigartige Projekte selbst nähen, die sich von der Massenware unterscheiden, bei Freunden Bewunderung ernten und ganz auf persönliche Vorlieben und Bedürfnisse abgestimmt werden können. Die Möglichkeiten, die einem das Nähen eröffnet, sind mehr oder weniger unbegrenzt und Sie werden überrascht sein, wie einfach es ist, das Nähen zu erlernen. Mit den Schritt für Schritt erarbeiteten Grundlagen öffnet sich der Weg zu neuen, erfolgreichen Projekten. Das Einsetzen von Reißverschlüssen, Nähen von Rundungen und Einfassen mit Schrägband sind nur einige der Techniken, die Sie mithilfe dieses Buches erlernen können. Alle Grundtechniken werden auf 26 Seiten umfassend und reich bebildert dargestellt. Der besondere Clou an diesem Grundkurs ist die beiliegende DVD. Hier zeigt Ihnen die erfahrene Näherin und TV-Moderatorin Gabriele Moosa „live“ ganz anschaulich alle Grundtechniken, die auch im Buch erklärt werden. So können Sie die einzelnen Schritte jeder Technik noch besser nachvollziehen.
Haben Sie sich anhand kleiner Projekte mit den Grundtechniken vertraut gemacht, finden Sie im Ideenteil des Buches ab Seite 34 viele weitere Modelle, die auf den erklärten Techniken basieren. Zahlreiche Ideen für originelle Helferlein, modische Accessoires und Geschenke für Kinder laden Sie ein, die Techniken immer weiter zu verfeinern und neue Gestaltungsmöglichkeiten zu entdecken.

Lassen Sie sich von der Vielfalt an Ideen inspirieren: Herzlich willkommen im Grundkurs Nähen!

5/8 7/8
20

Grundkurs

Die Geschichte des Nähens beginnt vor über 600.000 Jahren. Unsere Vorfahren nähten Fellstücke und Leder mit Knochensplittern als Nadeln und Sehnen als Faden, noch bevor Stoffe, also gewebte oder gestrickte Textilien, erfunden wurden. Später verwendeten die Näherinnen Nadeln aus Gräten oder spitze Knochen oder Horn. Vor 30.000 Jahren kamen dann die ersten Stoffe auf. Die erste Nadel aus Stahl wurde erst im 14. Jahrhundert verwendet. Weitere 500 Jahre vergingen bis zur Erfindung der Nähmaschine, mit der fortan die maschinelle Herstellung von Kleidungsstücken erfolgte.

Mit dem Nähen wird heutzutage die Verbindung zweier Stoffteile mit einem Faden bezeichnet. Seit dem 19. Jahrhundert, in dem die Massenproduktion von Nähmaschinen begann, hat sich der Anteil an Haushalten mit eigener Nähmaschine stark gesteigert, und heutzutage findet man eine Nähmaschine in nahezu jedem Haushalt. Es gibt inzwischen Nähmaschinen in allen denkbaren Ausführungen, manche Liebhaber greifen sogar auf antike Ausführungen aus Holz und Eisen zurück, Technikbegeisterte finden Maschinen mit unzählbaren Stichprogrammen, Touchpad und USB-Anschluss.

Nach der Nähmaschine ist das wohl wichtigste Material zum Nähen der Stoff, und auch diesen gibt es in mannigfaltigen Ausführungen, von Teddy-Plüsch über die „normale“ Baumwolle bis zum wasserabweisenden Wachstuch, in jeder erdenklichen Farbe und Musterung, und überall zu kaufen, ob in der Fußgängerzone oder im Internet, auf riesigen Stoffmärkten oder kleinen Nähgeschäften. Die unterschiedlichen Fasern, aus denen die Stoffe gemacht sind, wie Natur- und Chemiefasern, und unterschiedliche Webarten und Färbetechniken entscheiden über die Qualität und das Aussehen der Stoffe.

So kann man zu jedem Projekt, sei es das Kuscheltier fürs Baby aus Plüsch oder die elegante Clutch aus Leder für den großen Abend-Auftritt, das passende Material finden und sich selbst mit seinem Stil und seinen Vorlieben verwirklichen.

Das oben stehende Symbol zeigt Ihnen an, wenn Sie ein Kapitel des Grundkurses auch auf der DVD finden.

Material

Nähmaschine

Das wichtigste Werkzeug beim Nähen ist die Nähmaschine. Hier zeigen wir Ihnen, was Sie beachten müssen und welches Zubehör dazugehört.

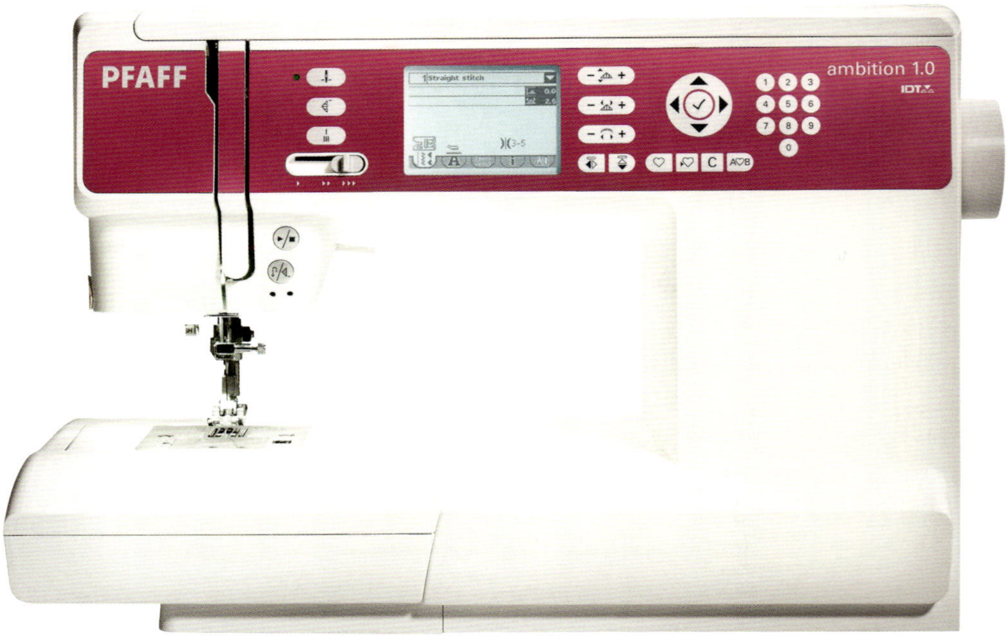

Nähmaschine
Im Handel finden Sie die unterschiedlichsten Nähmaschinen in verschiedenen Preisklassen. Überlegen Sie vor dem Kauf, welche Materialien Sie verarbeiten möchten und welche Näharbeiten Sie erledigen wollen und lassen Sie sich in einem Fachgeschäft beraten. Eine kleine Anzahl von verschiedenen Nähprogrammen kann ganz angenehm sein – viele Nähmaschinen bieten Ihnen auch Ziersticheh, mit denen Sie das Genähte noch verzieren können. Wichtig sind allerdings dehnbare Stiche und ein Programm für Knopflöcher. Lesen Sie, bevor Sie mit dem Nähen beginnen, sorgfältig die Bedienungsanleitung Ihrer Nähmaschine.

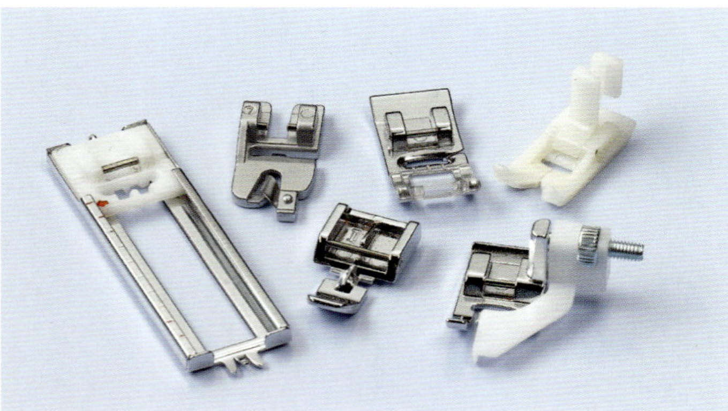

Nähfüße
Der Standart-Nähfuß ist der wichtigste und gehört zur Grundausstattung jeder Nähmaschine. Er ist ideal für alle Steppstich- und Zickzackarbeiten und kann auch zum Annähen von Gummibändern und bei der Verarbeitung von dehnbaren Stoffen verwendet werden. Daneben gibt es verschiedene andere Nähfüße, z. B. einen Reißverschlussfuß oder einen Knopflochfuß. Manche Nähfüße werden an der Nähmaschine eingerastet, andere angeschraubt.

Spulen
An der Nähmaschine haben Sie zwei Spulen, die für den Oberfaden und die für den Unterfaden. Achten Sie beim Nähen darauf, dass der Oberfaden die gleiche Garnfarbe hat wie der Unterfaden. Spulen Sie auf die kleinere Unterfadenspule immer genug Garn auf, damit Sie während des Nähvorgangs nicht unterbrechen müssen.

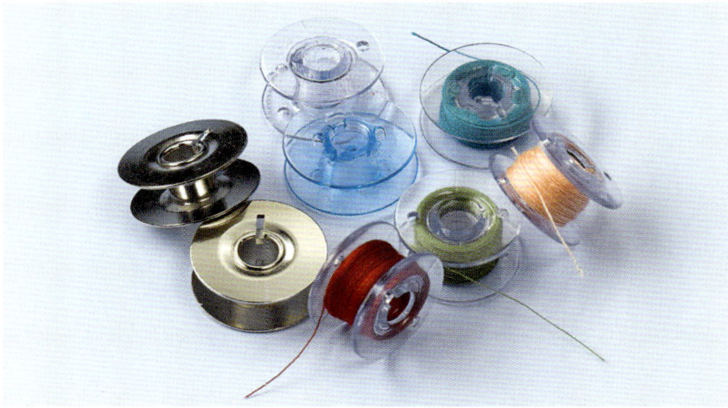

Nadeln
Sie brauchen drei Arten von Nadeln: Stecknadeln zum Zusammenstecken der Stoffteile, Handnähnadeln zum Nähen von Handstichen und zum Heften der Stoffteile (siehe erste Nadel rechts) sowie verschiedene Nähmaschinennadeln (restliche Nadeln rechts). Stecknadeln gibt es mit verschiedenen Köpfen, für die kleinen Projekte in diesem Buch eignen sich am besten Stecknadeln mit kleinen Metallköpfen, da sie am wenigsten auftragen. Für die Nähmaschine brauchen Sie Universalnadeln (Kennzeichnung H) der Stärke 70–90.

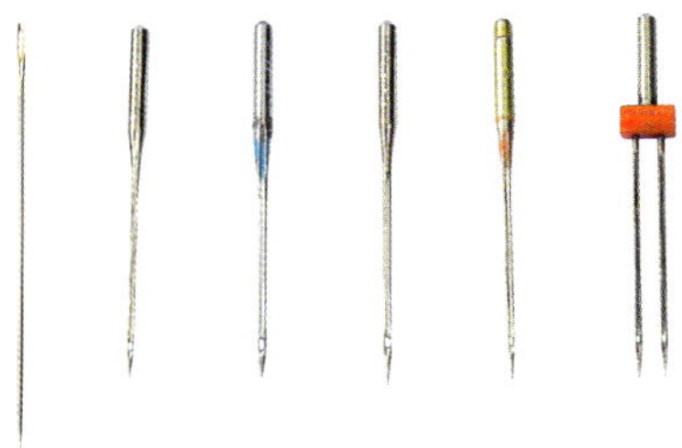

Nähgarn
Für die Nähmaschine eignet sich am besten ein Allesnäher, der meist aus Polyester besteht und sich für jeden Stoff und fast jede Näharbeit eignet. Er ist waschfest, leicht elastisch, scheuerfest, licht- und farbecht und lässt sich leicht vernähen. Je nach Nähumfang wählen Sie Garne zwischen 50 m und 500 m Lauflänge aus. Wählen Sie die Garnfarbe eine Nuance dunkler als den Stoff.

Stoffe

Im Handel werden die verschiedensten Stoffe in einer schier unermesslichen Vielzahl angeboten. Besonders gut verarbeiten lassen sich Baumwollstoffe, aber für manche Projekte sind andere Stoffe und Materialien einfach schöner. Am besten, Sie messen vor dem Stoffkauf anhand der zugeschnittenen Schnittmuster den Stoffbedarf, indem Sie sie probeweise z. B. auf einer Tischdecke auslegen. Beachten Sie vor dem Zuschneiden den Fadenlauf und die Musterrichtung und waschen Sie den Stoff nach Pflegeempfehlung vor und bügeln ihn. Vor allem Baumwolle und Leinen können beim Waschen etwas einlaufen. Für Projekte, die später nicht mehr gewaschen werden, ist diese Vorbehandlung nicht unbedingt notwendig.

Baumwollstoffe
Sie lassen sich besonders gut verarbeiten, da sie problemlos für den Zuschnitt markiert werden können und sich nicht verziehen. Sie sind außerdem leicht zu pflegen und die Kanten fransen wenig aus.

Seidenstoffe
Bei leichten und feinen Stoffen wie Seide ist es wichtig, die Stichlänge etwas zu reduzieren, damit sich der Stoff nicht zusammenzieht. Stellen Sie die Stichlänge bei Steppstich auf ca. 1,5 mm – 2,5 mm ein. Wählen Sie außerdem eine dünne Nähmaschinennadel aus, z. B. 60.

Jersey
Dieser dehnbare Stoff wird gerne für T-Shirts oder Sportkleidung verwendet. Beim Verarbeiten braucht man ein bisschen mehr Übung. Zum Verarbeiten verwendet man am besten Jerseynadeln spezielle Elastik-Stiche.

Tipp

„Gut gebügelt ist halb genäht“. Schon mal gehört den Spruch? Beim Bügeln sollten Sie etwas Zeit investieren und alle Nähte glätten, bevor Sie weiter nähen. Es lohnt sich. Bügeln Sie immer von der linken Seite; sollte dort eine Vlieseinlage aufgebügelt sein, verwenden Sie ein Tuch, um Brandlöcher zu vermeiden.

Wachstuch
Wachstuch ist gut für Tischwäsche und Taschen zu verwenden. Es braucht nicht versäubert oder gebügelt zu werden. Lässt sich das Wachstuch mit Stecknadeln schwer stecken, können Sie zum Fixieren Büroklammern verwenden. Zum Nähen nehmen Sie eine etwas stärkere Nadel, etwa 80 oder 90.

Filz
Filz muss nicht versäubert werden, da er nicht ausfranzt. Er eignet sich gut zum Nähen von Wohnaccessoires, Taschen und Dekoartikeln. Da die Nähte auch außen liegen können, erspart man sich das Wenden des genähten Modells – somit vereinfacht sich das Nähen des Projektes.

Leder
Leder stellt beim Verarbeiten besondere Ansprüche. Heften Sie die Schnittteile mit Büroklammern zusammen, um Löcher von Stecknadeln zu vermeiden. Wählen Sie außerdem eine große Stichlänge und verwenden Sie einen Teflon-Nähfuß, um ein Festkleben des Nähfußes am Leder zu vermeiden. Alternativ können Sie unter den Nähfuß Papierstreifen klemmen, die jedoch nicht mit festgenäht werden. Zum Fixieren können Sie Textil- oder Kontaktkleber verwenden, so verrutscht beim späteren Annähen das Leder nicht so stark.

Weitere Ideen zu **Stoffen**

Seite 38

Seite 42

Seite 56

Seite 60

Einlagen

Einlagenstoffe wie Vlieseline spielen eine wichtige Rolle für das perfekte Aussehen eines genähten Modells. Sie geben dem Stoff Halt und Form. Es gibt sie in unterschiedlichen Stärken. Man unterscheidet außerdem zwischen Bügel- und Näheinlagen.

H 180
Eine sehr leichte und weiche Einlage für feine und weich fallende Stoffe.

G 785
Leichte, weiche und in beide Richtungen elastische Gewebeeinlage, die für zarte, fließende Stoffe verwendet wird.

H 410
Eine weiche Einlage mit stabilisierenden Fäden in Längsrichtung, die sich für Kleinteile aus mittelschweren Stoffen eignet.

H 250
Eine feste, stabile Einlage für mittelschwere Stoffe. Sie wird gerne für Taschen, Gürtel und Bastelarbeiten verwendet.

Verwendung

Volumenvlies
Volumenvlies ist eine dicke Einlage, die dem Stoff einen wattierten Effekt gibt. Man kann sie in einer Steppoptik auf den Stoff aufnähen oder aufbügeln.

Die meisten Bügeleinlagen müssen nicht aufwändig angenäht werden, sondern können einfach auf einer oder zwei Seiten auf die linke Stoffseite aufgebügelt werden. Die Klebfläche fühlt sich meist etwas rauer an. Beachten Sie die Anweisungen des Herstellers.

Einlagen zuschneiden
In der Regel wird mit dem Fadenlauf zugeschnitten, also der Länge nach parallel zur Webkante. Bei manchen Kleinteilen wird allerdings schräg zum Fadenlauf zugeschnitten, dadurch wird die Einlage elastischer.

Einlagen aufbügeln
Stellen Sie die richtige Bügeltemperatur ein und bügeln Sie die Einlage mit leichtem Druck auf die linke Stoffseite. Tippen Sie die Vlieseline zur Sicherheit erst mit der Bügeleisenspitze an; klebt sie nicht am Bügeleisen, können Sie fortfahren, die Vlieseline flächenweise aufzubügeln.

Weitere Ideen zu **Einlagen**

Weiteres Material

Wenn Ihnen das richtige Werkzeug zur Verfügung steht, sparen Sie Zeit und haben mehr Spaß an Ihrer Arbeit. Legen Sie deshalb alles am Arbeitsplatz bereit, bevor Sie anfangen!

Schneiderkreide oder Trickmarker
Mit dem Trickmarker kann man Markierungen, Falzlinien oder Abnäher aufmalen, die Linien verschwinden entweder von allein nach einiger Zeit oder mit Hilfe von Wasser, je nach Marke. Es gibt sie in bunt oder Weiß, damit man sie sowohl auf hellen als auch auf dunklen Stoffen sieht. Testen Sie den Stift zuerst immer auf einem Probestück!

Fadentrenner
Beim Nähen geschehen bei aller Sorgfalt auch mal kleine Fehler. Falsche oder krumme Nähte lassen sich aber mit einem Naht- oder Pfeiltrenner wieder auftrennen. Arbeiten Sie dabei ganz vorsichtig, um nicht aus Versehen den Stoff zu beschädigen.

Stoffschere
Sie ist leicht gebogen, damit man Stoffe zum Schneiden nicht anheben muss, wodurch sie verrutschen könnten. Nehmen Sie diese Schere nur für Stoffe, nicht zum Schneiden von Papier!

Auch nützlich sind:
Kleine Schere zum Abknipsen von Fäden, Papierschere zum Ausschneiden der Schnittmuster, Maßband zum Abmessen größerer Modelle und aller Köpermaße, Schneidematte als Unterlage, Rollschneider zum schnellen Zuschneiden von Stoffen, Kopierrädchen zum Übertragen von Schnittmustern.

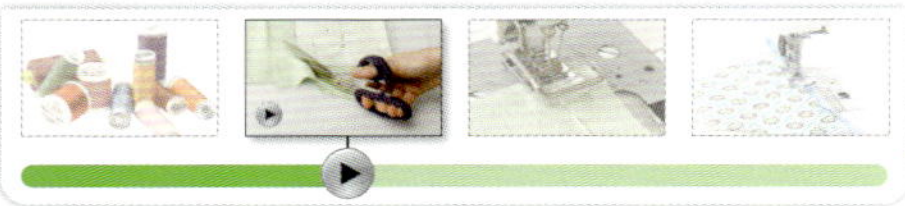

Zuschnitt

Die Vorraussetzung für ein schönes und passgenaues Nähen ist der Zuschnitt. Wichtig ist, dass Sie genug Stoff haben, um den Papierschnitt richtig auf dem Stoff zu platzieren. Bügeln Sie Ihren Stoff vorher. Legen Sie die linke Stoffseite für den Zuschnitt nach oben.

Rechte/Linke Stoffseite

Die schöne Oberseite, die beim fertigen Modell außen zu sehen ist, wird als rechte, die Rückseite als linke Stoffseite bezeichnet.

Fadenlauf

Der Fadenlauf verläuft parallel zur Webkante (äußerer umwobener Rand des Stoffes). Die Pfeile in den Schnittmustern zeigen den Fadenlauf, d. h. beim Zuschneiden der einzelnen Teile sollte der Pfeil immer parallel zum Fadenlauf liegen, sonst kann das Modell nachher den Anschein haben, als ob der Stoff verzogen wäre. Ist bei Stoffresten keine Webkante mehr vorhanden oder der Fadenlauf schwer zu erkennen, kann man am Rand einen Gewebefaden anziehen, der dann die Richtung weist.

Nahtzugabe

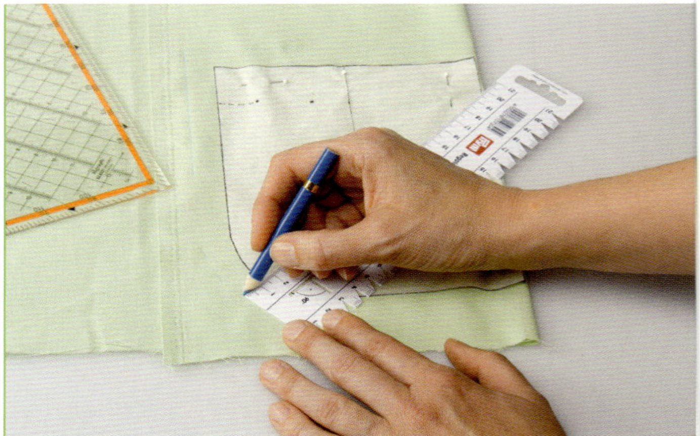

Nahtzugaben werden beim Zuschnitt mitgeschnitten und beim Nähen wieder weggenäht. Sie sollten möglichst gleichmäßig breit sein, da sie beim Nähen exakt aufeinander gelegt werden.

Strichrichtung

Bei Nikki, Frottee, Leder oder Flauschstoffen müssen Sie beim Zuschnitt auf die Strichrichtung achten, um keine unterschiedlichen Schattierungen bei Ihrem Nähteil zu haben. Um die Strichrichtung festzustellen, streichen Sie mit der Hand über die Oberfläche des Stoffes. Wenn Sie keinen Widerstand spüren, streichen Sie in die Strichrichtung.

Schnitt auflegen

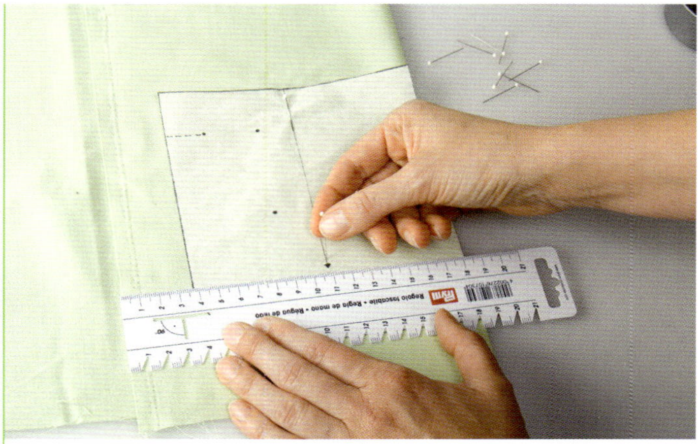

Beim Auflegen des Schnittes sollten Sie vorher noch überlegen, ob Sie auf dem doppelt oder einfach gelegten Stoff zuschneiden möchten. Für eine doppelte Legung den Stoff rechts auf rechts auf einen großen Tisch legen. Die Schnittteile auflegen, dabei auf den Fadenlauf achten. Die Schnittteile auf dem Stoff feststecken. Bei gemusterten Stoffen macht es mehr Sinn, alle Schnittteile einzeln auf die rechte Stoffseite aufzulegen, damit nachher die Musterrichtung stimmt.
Manche Schnittteile sollen „im Stoffbruch“ angelegt werden. Hierfür den Stoff rechts auf rechts der Länge nach falten, die Webkanten liegen aneinander. Das Schnittteil mit der Kante direkt an den Stoffbruch legen.

Schnitt übertragen

Markieren Sie die Schnittteile entlang der Konturen. Das machen Sie entweder mit der Schneiderkreide, mit einem selbst löschenden Markierstift oder einem Kopierrädchen.

Übertragen Sie alle Markierungen von den Schnitteilen auf die linke Stoffseite. Bei doppelter Stofflage oder wenn Markierungen auf die rechte Stoffseite übertragen werden müssen (z. B. für Knopflöcher), kann man mithilfe von Stecknadeln die jeweiligen Punkte markieren und dann mit einem Markierstift auf der rechten Stoffseite nachzeichnen.

Zuschneiden

Den Stoff entlang der Nahtzugabenmarkierung (Achtung: nicht entlang der Nahtlinie!) mit einer Schneiderschere zuschneiden. Dabei so wenig wie möglich anheben, da sich sonst die Schnittteile verschieben können. Den Stoff mit der freien Hand dicht neben der Schnittlinie festhalten und in langen Schnitten arbeiten.

Zusammenstecken

Bevor Sie mit dem Nähen beginnen, ist es wichtig, die zugeschnittenen Stoffteile genau übereinanderzulegen und zusammenzustecken. Legen Sie dafür die Stoffteile rechts auf rechts übereinander. Die Schnittkanten müssen genau übereinander liegen. Stecken Sie die Stoffteile mit den Stecknadeln in einem Abstand von ca. 5 cm fest. Alternativ kann man die Stoffteile mit Handnähnadel und Faden in großen Steppstichen zusammenheften.

Tipps

Stoffe mit großen Mustern oder Karostoffe haben beim Zuschnitt einen etwas höheren Stoffverbrauch. Achten Sie beim Zuschnitt auch darauf, dass alle Schnittteile in eine Richtung gelegt werden, damit die Muster nicht kopfstehen.

Markieren Sie bei sehr vielen Schnittteilen die zugeschnittenen Teile, damit beim späteren Zusammennähen nichts verwechselt werden kann.

Erste Schritte

Wenn Sie Ihre Schnittteile vorbereitet haben und Ihr Zubehör parat liegt, kann es mit dem Nähen losgehen.

Fadenspannung

Für ein schönes Stichbild ist eine ausgewogene Fadenspannung Grundbedingung. Ist die Spannung zu locker, bilden sich ganz kleine Schlingen, die Naht hat keine Festigkeit. Ist die Fadenspannung zu fest, zieht sich der Stoff an der Naht zusammen. Die Oberfadenspannung lässt sich aber bei den meisten Maschinen mit einem Rädchen einstellen. Die Unterfadenspannung sollte ausschließlich von einem Nähmaschinenmechaniker eingestellt werden. Normalerweise steht die Oberfadenspannung zwischen 3 und 5. Bei dünneren Stoffen sollten Sie die Spannung aber etwas lockerer einstellen, d. h. zwischen 2 und 3. Nähen Sie am besten immer erst eine Nahtprobe, damit Sie sehen, ob das Ergebnis stimmt oder nicht.

Vernähen

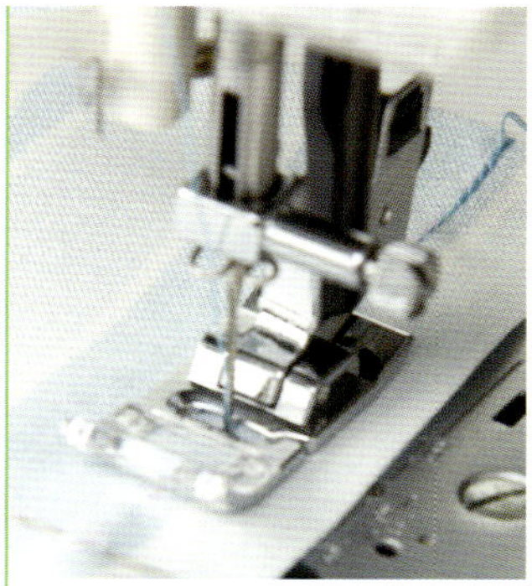

Um zu verhindern, dass die Naht wieder aufgeht, ist es wichtig, die Nähte am Anfang und am Ende zu vernähen bzw. zu verriegeln. Dazu drücken Sie nach einigen Vorwärts-Stichen auf die Rückwärtstaste Ihrer Nähmaschine und nähen einige Stiche zurück.

Auftrennen

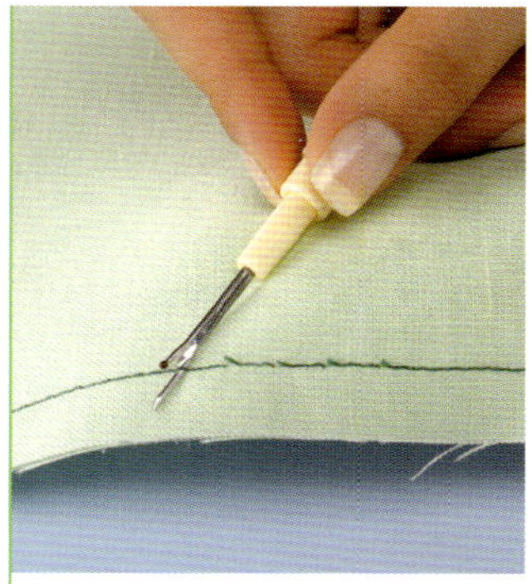

Wenn eine Naht falsch oder nicht exakt genäht ist, kann es notwendig sein, sie wieder aufzutrennen. Dazu verwendet man einen Nahttrenner. Mit ihm kann man vorsichtig den Faden einzelner Stiche durchtrennen.

Steppstich nähen

Bevor Sie mit dem Nähen anfangen, macht es Sinn, auf einem kleinen Stoffrest zuerst eine Nähprobe zu machen.

Für gerade Nähte wählen Sie den Steppstich Ihrer Nähmaschine und stellen die Stichlänge zwischen 2 mm und 3 mm ein. Dann legen Sie den Stoff so unter den Nähfuß, dass die Nähmaschinennadel in die ersten Millimeter des Stoffes entlang der Nahtlinie einsticht (nicht entlang der Außenkante, das ist die Nahtzugabe!) Danach senken Sie den Nähfuß ab. Beim Nähen ziehen Sie den Stoff leicht nach hinten. Beginnen Sie langsam und machen Sie immer wieder eine kleine Nähpause, um den Stoff vor dem Nähfuß neu richten zu können.

Noch ein paar Begriffe: „Knappkantig absteppen" bedeutet, etwa 1 mm neben der Kante abzusteppen, während man beim „füßchenbreiten Absteppen" die Außenkante des Nähfußes als Kantenlineal benutzt.

Zickzack-Stich

Der Zickzack-Stich wird überwiegend zum Versäubern von Nahtzugaben bzw. Schnittkanten gebraucht, um zu verhindern, dass diese ausfransen. Fangen Sie beim Nähen mit dem Zickzack-Stich nicht ganz am Stoffanfang an, sondern geben Sie ein paar Millimeter Stoff unter den Nähfuß, damit der Stoff besser transportiert werden kann. Sie können verschiedene Stichlängen und -breiten einstellen. Bei stark fransendem Stoff stellen Sie die Breite etwas größer ein (auf ca. 4 mm – 6 mm). Bei feineren Stoffen benutzen Sie eine schmalere Stichbreite (ca. 2 mm – 3 mm). Ebenso sollte die Stichlänge bei stark fransenden Stoffen dichter sein (1,5 mm – 2,5 mm). Beim Versäubern verläuft der Zickzack-Stich auf der Nahtzugabe zwischen Saumkante und Nahtlinie.

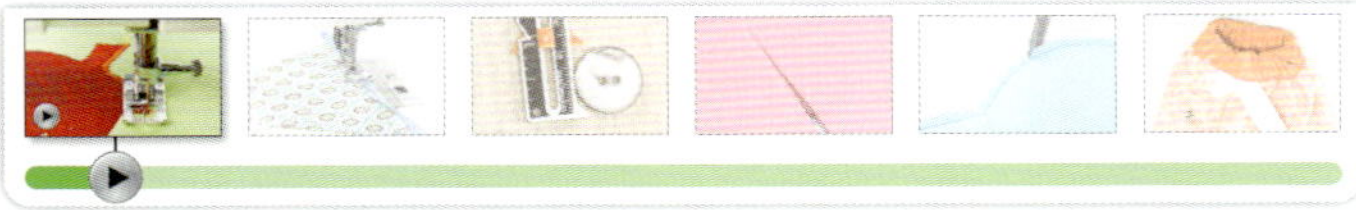

Applizieren

Diese Technik ist eine sehr einfache, jedoch wirkungsvolle Verzierung von Stoffoberflächen. Es ist ein dekoratives Aufsetzen und Aufnähen von Stoffformen auf ein bereits bestehendes Stoffteil. Damit wird jedes Stück zu einem Unikat.

1 Die Umrisse des Applikations-Motivs auf die glatte Seite der aufbügelbaren Vlieseline (Vliesofix) abpausen. Achtung: das Motiv erscheint später auf dem Modell spiegelverkehrt.

2 Das Vliesofix etwas großzügiger um die Zeichenkontur ausschneiden und auf die linke Seite des Motivstoffes aufbügeln (auf der Papierseite bügeln).

3 Jetzt kann das Motiv aus dem Stoff mitsamt dem Papier ausgeschnitten werden.

4 Das Papier des Vliesofix auf der linken Seite entfernen, auf der Oberseite des Stoffes platzieren und aufbügeln. Bei empfindlichen Stoffen ein Bügeltuch verwenden.

5 Mit einem klein eingestellten Zickzack-Stich (Breite ca. 1,5 mm – 3 mm, Länge 0,4 mm – 1,5 mm, je nach Maschine) langsam um das Motiv herum nähen. Die Nadel sticht dabei rechts knapp neben dem Motiv und links auf das Motiv ein – somit wird die Schnittkante schön umschlossen. Die Maschine sollte dabei immer gleichmäßig transportieren, falls nicht, muss die Stichlänge verlängert werden.

Weitere Ideen zu **Applizieren**

Seite 48

Tipps

Der Applikations-Stich, also Zickzack-Stich, sieht noch schöner aus, wenn Sie ein feines Maschinenstickgarn als Oberfaden verwenden. Dies verleiht der Oberfläche der Stiche einen Satin-Look, der Stich ist dicht genäht und hat einen schönen Schimmer.

Fragen Sie in einem Nähmaschinen-Fachgeschäft nach einem speziellen Applikationsfuß, der zu Ihrer Nähmaschine passt. Durch seine Form haben Sie einen besseren Blick auf den Applikations-Stich und können ihn Stich für Stich besser verfolgen.

Schrägband

Eine schöne Methode des Säumens ist das Einfassen einer Schnittkante mit Schrägband. Am Stoffstück wird keine Nahtzugabe benötigt, da sich die Länge nicht verändert. Das Schrägband eignet sich hervorragend zum Einfassen von runden Kanten, da es schräg zum Fadenlauf zugeschnitten ist und sich somit dehnbar um Rundungen formen lässt.

Schrägband aufstecken

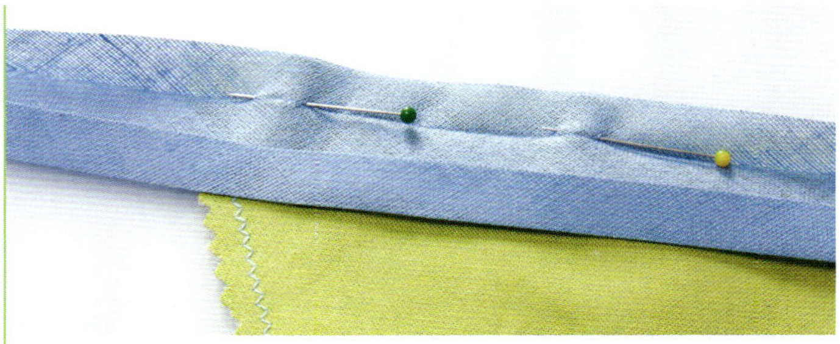

1 Man kann sowohl gekauftes, als auch selbst hergestelltes Schrägband verwenden. Die Breite richtet sich nach der Größe des Stoffteiles. Das vorgefalzte Schrägband aufklappen und mit der rechten Seite auf die linke Seite des Stoffes Kante an Kante legen und feststecken.

Schrägband aufnähen

2 Ca. 1 mm rechts von dem Bügelfalz das Schrägband aufnähen. Danach das Band nach oben klappen, auf die rechte Stoffseite wenden und um die Nahtzugabe falten. Mit Stecknadeln so fixieren, dass die Nahtlinie des aufgenähten Schrägbandes auf der rechten Seite nicht zu sehen ist.

3 Das Schrägband von der rechten Seite knappkantig mit dem Geradstich festnähen. Es kann auch ein schmaler Zickzack-Stich verwendet werden – somit hat man einen kleinen Ziereffekt.

Tipp

Für Innenrundungen sollte das Schrägband etwas gedehnt aufgenäht werden. Für Außenrundungen ist es umgekehrt, da sollte es etwas lockerer aufgesteckt werden.

Außenrundungen mit Schrägband

Innenrundungen mit Schrägband

Weitere Ideen zu **Schrägband**

Seite 54

Seite 52

Knöpfe und Knopfloch

Die Auswahl und Vielfalt der Knöpfe ist enorm – es gibt sie in unterschiedlichsten Varianten: aus Holz, Glas, Kunststoff, Metall, bezogen mit Stoff; mit zwei Löchern, vier Löchern, Steg u. v. m. Sie dienen zum Schließen von Kleidungsstücken, aber auch, um Stoffoberflächen zu schmücken und zu verzieren.

Knöpfe

Annähen von Knöpfen mit Löchern

Die Handnähnadel mit einem doppelten Faden einfädeln, die Enden verknoten. An der markierten Stelle von links durch den Stoff durchstechen, das erste Loch des Knopfes von unten mitfassen. Den Faden ganz durchziehen und die Nadel von oben durch das nächste Loch und den Stoff durchstechen. Diesen Schritt 3–4 Mal wiederholen. Am Ende auf der Rückseite des Stoffes den Faden mit ein paar kleinen Stichen vernähen und abschneiden.

Knöpfe mit Steg annähen

Man beginnt genauso wie bei den Knöpfen mit Lochbohrung, wobei man hier die Nadel durch den Steg des Knopfes führt. Danach sticht man durch den Stoff nach unten, dann wieder nach oben, durch den Steg usw. Diesen Vorgang 6–7 Mal wiederholen und am Ende auf der Rückseite des Stoffes den Faden mit ein paar kleinen Stichen vernähen.

Knopflöcher

Jede moderne Nähmaschine bietet mindestens eine Knopflochvariante – teilweise halbautomatisch, teilweise vollautomatisch. Voraussetzung für ein schönes Knopfloch ist das gute Vorbereiten des Stoffes. Er sollte mit einer Bügeleinlage von der linken Seite gestärkt werden, somit gleitet der Knopflochfuß besser über den Stoff und er zieht sich durch den dicht genähten Stich nicht zusammen. Die Farbe des Nähgarnes dem Stoff anpassen.

Knopfgröße messen

1 Die Länge (Durchmesser) und die Dicke des Knopfes mit dem Handmaß ausmessen. Dies, zusammenaddiert, ergibt die Größe des Knopfloches. Ist der Durchmesser z. B. 2 cm und die Dicke 0,2 cm, sollte das Knopfloch 2,2 cm groß werden.

Knopfloch auf Stoff markieren

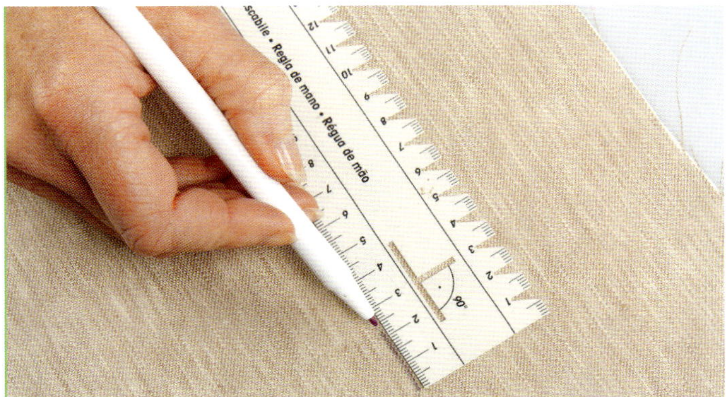

2 Für die Knopflöcher mit einem Handmaß und einem Markierstift die exakte Länge und die Abstände zur Stoffkante auf die Vorderseite des Stoffes zeichnen.

Knopflochabstände

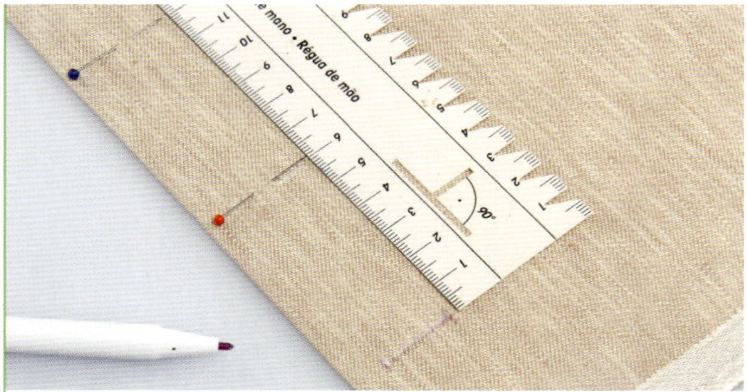

3 Die Knopflochabstände sind abhängig von Größe und Art des Nähprojektes. Bei Blusen z. B. beträgt der Abstand der Knopflöcher ca. 6 cm – 8 cm, bei Kissen kann der Abstand auch größer sein. Der Abstand zur vorderen Kante z. B. bei Blusen beträgt meist 1 cm. Bei Kissen kann er je nach Schnitt zwischen 1 cm und 2 cm liegen.

Knopfloch nähen

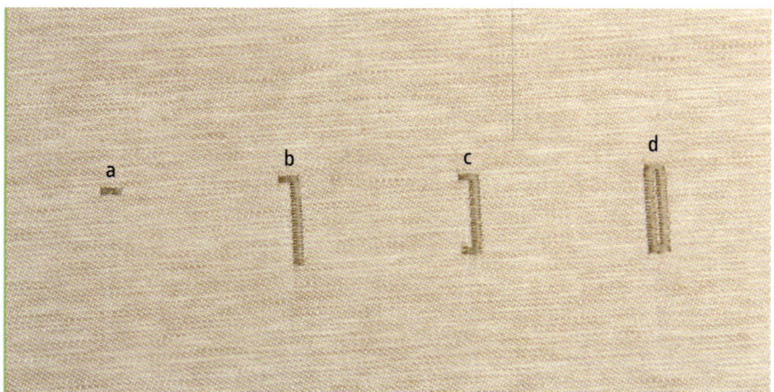

4 Das Knopfloch besteht aus vier Elementen:
- a) 1. Riegel
- b) 1. Längsraupe
- c) 2. Riegel
- d) 2. Längsraupe

Dabei ist die Reihenfolge der vier Schritte von Nähmaschine zu Nähmaschine verschieden. Jedoch besteht ein Knopfloch immer aus diesen vier Schritten. Zuletzt den Faden vernähen.
Nähen Sie immer auf einem Probestoff ein Testknopfloch, bevor Sie an den Originalstoff gehen.

Knopfloch aufschneiden

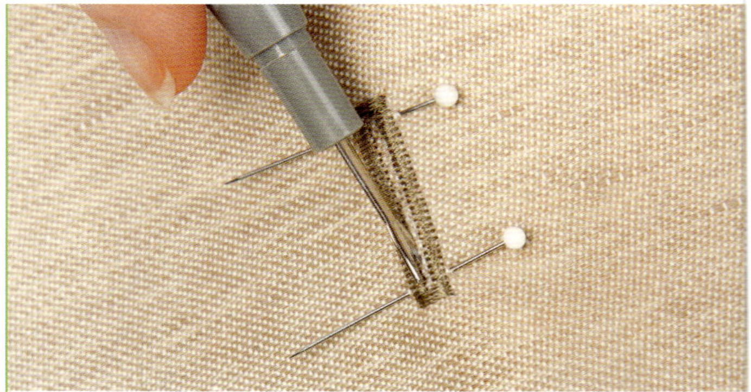

5 Um zu vermeiden, dass man versehentlich zu weit schneidet, sowohl am Anfangs- als auch am Endpunkt des Knopfloches je eine Stecknadel einstecken. Danach mit einem Fadentrenner oder einer kleinen spitzen Schere das Knopfloch vorsichtig aufschneiden.

Tipps

Jede Nähmaschine hat ihre eigene Technik, ein Knopfloch zu nähen. Sehen Sie in der Bedienungsanleitung Ihrer Maschine nach, ob sie über ein manuell geführtes, ein halbautomatisches oder ein vollautomatisches Knopflochprogramm verfügt.

Die meisten Knopflöcher werden in Zugrichtung genäht, d. h. quer zu der Richtung, in die der Stoff beim Aufknöpfen gezogen wird.

Wichtig ist auch die Wahl des Nähgarnes. Es darf nicht zu dick sein, da sonst die Raupen des Knopfloches zu dick werden. Verwenden Sie ein dünnes Allzwecknähgarn – für feine Stoffe kann auch ein Maschinenstickgarn verwendet werden, dies gibt dem Knopfloch einen schönen schimmernden Effekt.

Armband mit Knöpfen

Schwierigkeitsgrad

●

Material

* Leinenstoff natur ca. 13 cm x 23 cm (Umfang des Armgelenkes + ca. 7–8 cm)
* Ca. 30 – 35 Knöpfe in weiß, natur, Glas, in verschiedenen Größen und Ausführungen
* Weißes Nähgarn
* Volumenvlies H 630, 22 cm x 12 cm

Zuschnitt

Handgelenk ausmessen. Den Leinenstoff in dieser Länge plus ca. 7 cm und einer Breite von ca. 10 cm zuschneiden

1 Den Leinenstoff mit dem Volumenvlies unterbügeln. Den Stoffstreifen der Länge nach rechts auf rechts falten und eine Schmalseite und eine Längsseite mit dem Geradstich füßchenbreit zusammennähen.

2 Die Ecken bis knapp an die Naht zurückschneiden. Den Stoffstreifen wenden und die Ecken mit einer dicken Nadel vorsichtig herausholen. Bügeln.

3 Die zweite offene Schmalkante ca. 1 cm nach innen schlagen und entweder mit ein paar Handstichen oder der Nähmaschine schmalkantig absteppen.

4 Jetzt können die Knöpfe aufgenäht werden. Beginnend von der Mitte die Knöpfe in den verschiedenen Größen und Arten verteilen und von Hand aufnähen.

5 An einem der beiden Schmalkanten zwei Knopflöcher mit der Nähmaschine in Längsrichtung einnähen und vorsichtig aufschneiden. Die Größe der Knopflöcher richtet sich dabei nach der Größe der Knöpfe, die dafür aufgenäht werden.

6 Die beiden Knöpfe auf der gegenüberliegenden Schmalkante von Hand aufnähen. Der Abstand zur Kante beträgt dabei 1 cm – 1,5 cm.

Tipp

Legen Sie zum Nähen der Knopflöcher Stickvlies unter den Stoff, somit gleitet der Stoff besser und die Stiche werden gleichmäßiger.

Reißverschluss

Aus sehr vielen Kleidungsstücken ist er einfach nicht wegzudenken – der Reißverschluss! Es gibt ihn in sehr vielen Farben, in unterschiedlichen Längen, aus Metall oder Kunststoff, teilbar und nicht teilbar. Wählen Sie den richtigen Reißverschluss passend zu Ihrem Stoff bzw. Kleidungsstück aus – nehmen Sie beim Kauf am besten den Stoff mit in das Fachgeschäft.

Der beidseitig verdeckte Reißverschluss

Vorbereiten des Stoffes

1 Die Länge des Reißverschlusses an der Zähnchenreihe ausmessen. Diese Länge auf den Stoff übertragen, d. h. die Öffnung des Stoffes soll genau diese Länge haben. Natürlich kann der Reißverschluss auch 1 cm – 2 cm länger als der Schlitz sein, das Ende verschwindet dann automatisch im Inneren des genähten Modells. Die Naht zunähen und die Nahtzugaben des Schlitzes gleichmäßig ausbügeln.

2 Den Reißverschluss öffnen und die eine Hälfte so unter den Schlitz stecken, dass die umgebügelte Kante die Zähnchenreihe des Reißverschlusses knapp abdeckt. Die obere Reißverschlusskante liegt an der oberen Stoffkante.

3 Die zweite Reißverschlusshälfte genauso einstecken. Danach den Reißverschluss schließen, um zu prüfen, ob er glatt eingesteckt ist und die Stoffkanten nicht übereinanderliegen.

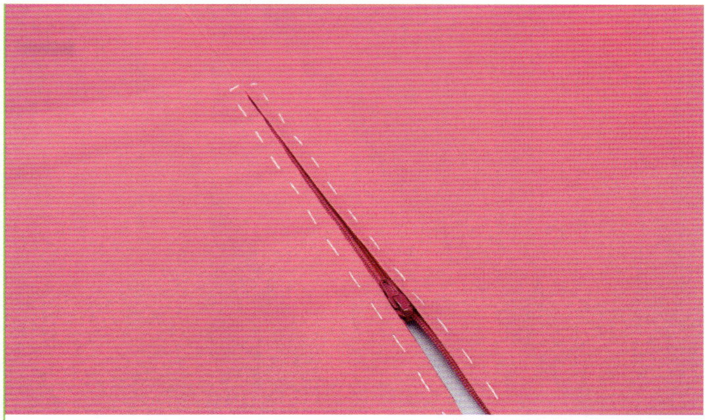

4 Reißverschluss rundum mit Handstichen festheften.

5 Den Reißverschlussfuß der Nähmaschine einsetzen. Reißverschluss wieder öffnen. Mit der linken Reißverschlusshälfte wird begonnen: den Stoff mit der Oberseite so unter dem Fuß platzieren, dass die Nadel ca. 0,5 cm links von den Reißverschlusszähnchen einsticht. Den Reißverschluss langsam einnähen, kurz vor dem Ende die Nadel im Stoff stecken lassen, Nähfuß anheben und den Reißverschluss schließen.

6 Den Reißverschluss bis zum Ende einnähen, am unteren Ende die Quernaht mit ca. 6–8 Stichen nähen, danach die 2. Hälfte des Reißverschlusses einnähen. Nahtanfang und -ende dabei gut vernähen.

Tipp

Bei sehr elastischen Stoffen den Schlitz mit einem dünnen Streifen Vlieseline stärken, somit dehnt sich der Stoff beim Einnähen des Reißverschlusses nicht aus.
Es gibt noch weitere Arten, einen Reißverschluss einzunähen. Bei Taschen verwendet man meistens einen verstürzten Reißverschluss. Wie das Einnähen hier funktioniert, sehen Sie auf der nächsten Doppelseite.

Weitere Ideen mit **Reißverschluss**

Seite 40

Seite 50

Kosmetiktäschchen

1 Die Spitzenborte rechts auf rechts auf die jeweils obere Schnittkante der beiden unteren Taschenteile anstecken und schmalkantig aufnähen. Danach die Stoffkanten der beiden oberen Taschenzuschnitte rechts auf rechts auf die Kante der Spitzenborte legen und ebenfalls aufnähen. Stoffteile aufschlagen und ausbügeln.

2 Das Volumenvlies auf die Innenseite beider Außentaschenteile und die Vlieseline auf die linke Seite beider Innentaschenteile aufbügeln.

3 Reißverschluss schließen. Die rechte Seite des Reißverschlusses rechts an die obere Stoffkante der Außentasche so legen, dass die Zähnchen des Reißverschlusses nach unten schauen, feststecken und anheften. Dann die rechte Seite des Futterteiles ebenfalls mit der oberen Kante auf Stoff und Reißverschlussband stecken und knapp entlang der Reißverschlusszähnchen festnähen. Futter und Oberstoff zurückschlagen und auf die gleiche Weise den zweiten Stoff- und Futterzuschnitt an die andere Reißverschlusshälfte annähen.

4 Jetzt den Reißverschluss öffnen und die beiden Futter- und Oberstoffteile rechts auf rechts aufeinanderlegen und rundum feststecken. Es liegen also die beiden Futter- und Oberstoffteile rechts auf rechts aufeinander, in der Mitte befindet sich der Reißverschluss. Mit einer Nahtzugabe von ca. 1 cm die beiden Böden und Seiten zusammen nähen – dabei am Boden des Futterstoffes eine Wendeöffnung von ca. 12 cm offen lassen.

5 Jetzt werden die vier Schnittkanten der offenen Ecken übereinandergelegt und so gefaltet, dass die Nähte exakt übereinander liegen. Diese vier Quernähte (ca. 7 cm – 8 cm lang) von einer Ecke zur anderen zunähen – somit hat sich der Boden gebildet. Die überschüssige Nahtzugabe vor allem an den Ecken etwas zurückschneiden.

6 Das Täschchen über die Wendeöffnung umstülpen, Nahtzugaben nach außen drücken und die Wendeöffnung am Innenfutter entweder von Hand oder mit der Nähmaschine zusteppen.

7 Das Futter in das Außentäschchen drücken und die Stoffkanten am Reißverschluss mit ein paar Handstichen festnähen – somit wird verhindert, dass der Reißverschluss beim Schließen in den Stoff eingeklemmt wird.

Schwierigkeitsgrad
● ● ●

Größe
26 cm x 20 cm

Material
* Baumwollstoff in Pink-Weiß-gemustert, 35 cm x 30 cm
* Baumwollstoff in Pink mit Batik-Optik, 35 cm x 25 cm
* Futtertaft oder Baumwollstoff in Pink für das Innenfutter, 35 cm x 45 cm
* Volumenvlies H 630, 70 cm x 30 cm
* Vlieseline G 405, 70 cm x 30 cm
* Reißverschluss aus Kunststoff, 25 cm, nicht teilbar
* Spitzenborte 55 cm x 2,5 cm

Schnittmuster
auf Bogen A

Zuschnitt
Jeweils die beiden gemusterten und unifarbenen Schnittteile für das äußere Täschchen und die beiden Schnittteile für das Innenfutter gemäß Schnittmuster jeweils mit einer Nahtzugabe von 1 cm zuschneiden. Das Volumenvlies für die äußeren Schnittteile und die Vlieseline für das Innenfutter ohne Nahtzugabe zuschneiden.

Verstürzen und Rundungen

Verstürzen ist eine Technik, bei der zwei Schnittteile zusammengenäht und danach gewendet werden. Sie wird sehr häufig angewendet, z. B. bei Kissen, Kuscheltieren, Manschetten, Bindebändern u. v. m.

1 Die gleichmäßig zugeschnittenen Teile rechts auf rechts legen, mit Stecknadeln fixieren und bei Bedarf heften. Bei geschlossenen Teilen muss eine Wendeöffnung offen bleiben. Die Größe der Öffnung richtet sich dabei nach der Größe des Teiles.

2 Die beiden Teile mit einer Nahtzugabe von ca. 1 cm zusammensteppen, dabei den Nahtanfang mit ein paar Stichen vernähen. Das Teil rundum gleichmäßig zusammennähen, kurz vor dem Nahtbeginn enden und das Nahtende ebenfalls vernähen.

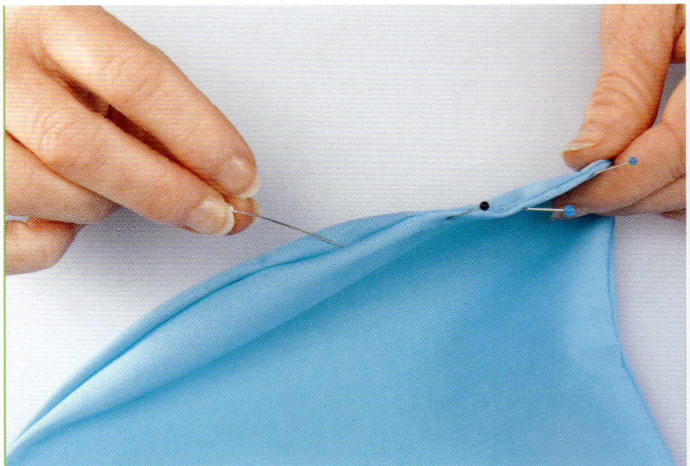

3 Die Nahtzugaben auf ca. 0,5 cm zurückschneiden, danach kann das Teil gewendet werden. Nach dem Wenden soll die Naht genau an der Umbruchkante liegen. Mit Hilfe einer Stecknadel kann die Naht vorsichtig herausgeholt werden. Danach die Naht feststecken und ausbügeln.

4 Verstürzen von Ecken:
Den Nahtbeginn wie bei Punkt 2 nähen, ca. 1 cm vor der Ecke anhalten, die Nähmaschinennadel in den Stoff stecken, den Nähfuß anheben und das Teil um die Ecke drehen. Nähfuß wieder absenken und die nächste Strecke nähen. Vor dem Wenden die Nahtzugaben auf 0,5 cm zurückschneiden, die Ecken bis kurz vor der Steppnaht zurückschneiden.

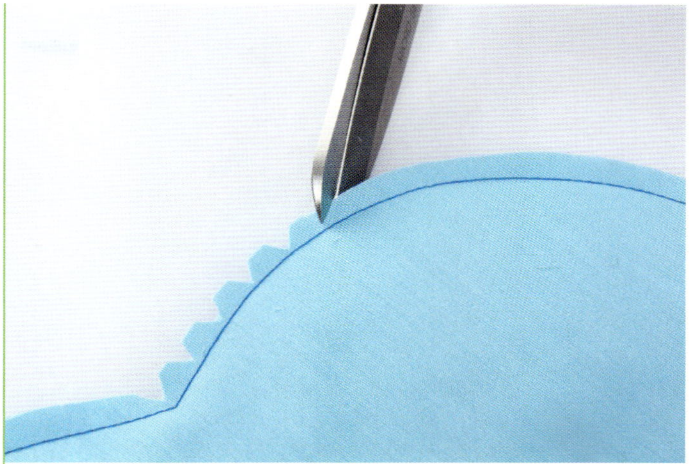

5 Verstürzen von Rundungen:
Nach dem Zusammennähen werden kleine „Dreiecke“ aus den Nahtzugaben an den Rundungen ausgeschnitten. Dadurch liegt die Nahtzugabe nach dem Wenden glatter.

Tipp

Reduzieren Sie beim Nähen von engen Rundungen die Stichlänge auf ca. 2,5 mm – 1,5 mm. Dadurch werden die Rundungen „runder“ und nach dem Wenden ist das Erscheinungsbild des Nahtbildes schöner und exakter.

Weitere Ideen zum Thema **Verstürzen**

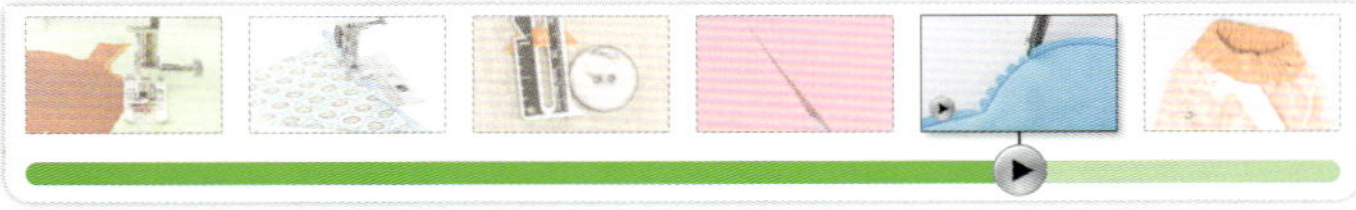

Topflappen in Herzform

1 Die vier Herzzuschnitte (pro Topflappen je zwei ganze und zwei halbe Herzteile) mit Molton unterlegen und rundum schmalkantig annähen oder das Volumenvlies jeweils von der linken Stoffseite unterbügeln.

2 Die beiden halben Herzzuschnitte rechts auf rechts legen und die obere gerade Kante mit dem Geradstich füßchenbreit zusammennähen. Stoffteile wenden, bügeln und schmalkantig absteppen.

3 Das halbe Herz auf die rechte Stoffseite eines kompletten Herzzuschnittes legen und an den beiden Außenkanten schmalkantig feststeppen.

4 Das Band mittig falten und so auf dem Innenbogen des großen Herzens feststecken, dass die Schlaufe nach innen zeigt.

5 Jetzt kann das zweite große Herz rechts auf rechts auf die drei vorbereiteten Teile gelegt, rundum festgesteckt und mit dem Geradstich füßchenbreit zusammen genäht werden. Dabei an einer Außenkante lt. Schnittmustervorlage die Wendeöffnung lassen.

6 Die Nahtzugaben gleichmäßig zurückschneiden, die Rundungen bis knapp an die Naht einknipsen und an der unteren Spitze die Nahtzugabe ebenfalls zurückschneiden.

7 Nun das ganze Herz wenden, die Naht vorsichtig herausholen, die Wendeöffnung ca. 0,5 cm nach innen schlagen und feststecken. Alles bügeln und das Herz rundum absteppen.

8 Damit der Topflappen besser passt, kann den Eingriff angepasst werden. Dazu die Hand in den Topflappen legen, die erforderliche Öffnung markieren und auf der Naht des halben Herzens den Eingriff verkleinern. Nahtanfang und -ende gut vernähen.

Tipp

Die Stoffwahl beim Zuschnitt kann natürlich auch umgekehrt sein – auf dem Bild sehen Sie zwei Varianten.

Schwierigkeitsgrad

Größe
ca. 24 cm x 22 cm

Material

* Baumwollstoff in Hellblau uni, 45 cm x 25 cm
* Baumwollstoff gemustert, 45 cm x 25 cm
* Molton oder Volumenvlies H 630, 90 cm x 50 cm
* Samt- oder Satin-Band, 20 cm x 1,5 cm – 2 cm

Schnittmuster
auf Bogen A

Zuschnitt
Die beiden ganzen Herzen lt. Schnittvorlage mit 1 cm Nahtzugabe zuschneiden.
Die beiden halben Herzen lt. Schnittvorlage mit 1 cm Nahtzugabe zuschneiden.
Das Volumenvlies ebenfalls zuschneiden (2 ganze Herzen, 2 halbe Herzen).

Gummiband

Gummibänder gibt es in sehr vielen Breiten, Farben und Stärken. Auch die Festigkeit ist unterschiedlich. Je nach Bedarf oder Einsatz sollte das Gummiband weicher, geschmeidiger oder fester und zugkräftiger sein. Für Baby- oder Kleinkind-Kleidung sollte das Gummiband weich sein, für Sport- und Freizeitbekleidung oder Accessoires natürlich kräftiger und fester.
Auch gibt es verschiedene Arten und Techniken ein Gummiband ein- bzw. aufzunähen.

Gummiband durch ein Stoffband ziehen

1 Einen Stoffstreifen in der doppelten Breite des Gummibandes plus ca. 1 cm zuschneiden. Länge richtet sich nach dem Nähprojekt.

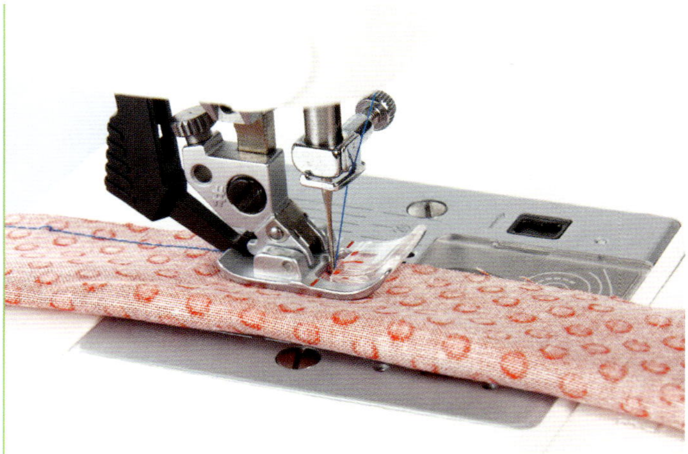

2 Den Stoffstreifen rechts auf rechts der Länge nach mittig falten, die Längsnaht schließen. Streifen wenden und bügeln.

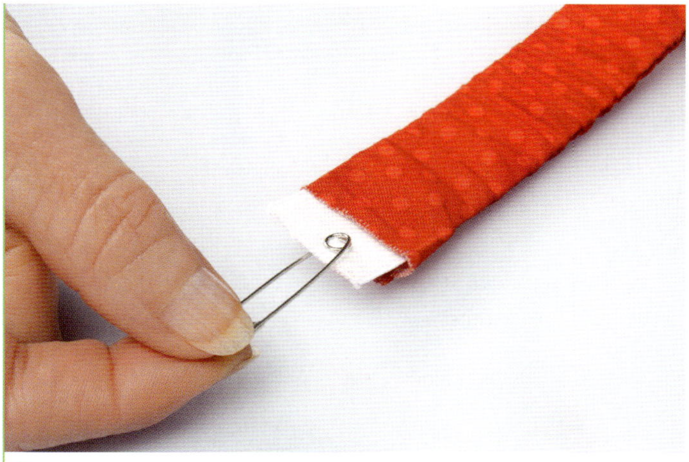

3 Das Gummiband mit einer Sicherheitsnadel durch das Band ziehen, dabei das Ende des Gummis mit einer Stecknadel sichern.

4 Das Gummiband komplett durch das Stoffband ziehen und das Gummi an beiden Enden mit dem Geradstich annähen.

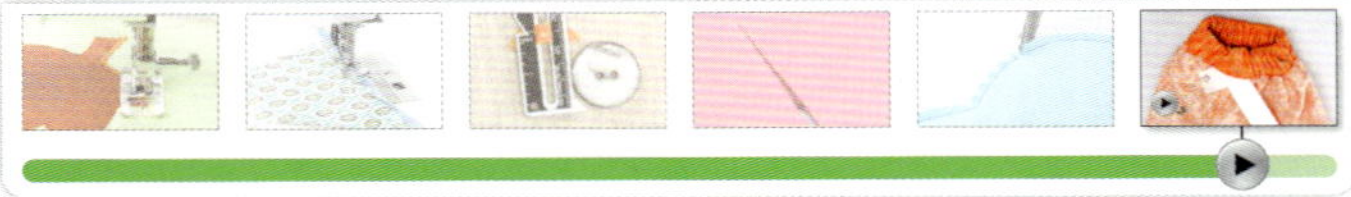

Gummidurchzug im Tunnel

1 Die Breite des Gummibandes ausmessen. Die Stoffkante ca. 0,5 cm einschlagen und umbügeln, danach diese Stoffkante in der Breite des Gummibandes plus 2 mm – 5 mm erneut umschlagen, anstecken und bügeln. Mit Stecknadeln fixieren und gegebenenfalls von Hand den Saum umheften. Den Nähfuß so absenken, dass die Nadel knapp in die umgebügelte Kante einsticht.

2 Den Nahtanfang vernähen, den Tunnel komplett umnähen und 2 cm – 4 cm vor dem Nahtbeginn stoppen und das Nahtende wieder vernähen.

3 Durch diese Öffnung das Gummiband mit einer Sicherheitsnadel durchziehen.

4 Die beiden Enden des Gummibandes flach übereinanderlegen und zusammennähen. Dann die kleine Öffnung des Tunnels schließen.

Gummiband aufnähen mit Rüscheneffekt

1 Einen Saumumschlag wie bereits beschrieben in der gewünschten Breite vorbereiten und anheften. Das Gummiband, in der Breite von ca. 5 mm – 6 mm, auf die linke Seite des Stoffes auf die geheftete Naht platzieren. Es schließt somit genau mit der eingeschlagenen Saumkante ab. Den Nähfuß absenken und mit dem Zickzack-Stich, Breite ca. 5 mm – 6 mm, Länge 1,5 mm – 3 mm, den Anfang festnähen. Die Breite des Stiches sollte die Breite des Gummibandes haben. Den Nahtanfang vernähen.

2 Jetzt das komplette Gummiband aufnähen. Dabei das Gummiband leicht ziehen, somit erhält man den Kräuseleffekt!

Tipp

Sehr breites Gummiband kann auch für den Rüscheffekt verwendet werden. Hierzu muss es in mehreren Linien aufgenäht werden.

Weitere Ideen mit **Gummiband**

Seite 58

Kinder-Kopftuch

1 Das schmale Kopfteil lt. Schnittvorlage an das hintere Kopfteil rechts auf rechts legen, feststecken und füßchenbreit mit Geradstich zusammennähen. Die Nahtzugaben mit Zickzack-Stich versäubern, von rechts ausbügeln und von der rechten Seite mit einem schmalen Zickzack-Stich absteppen.

2 Das Kopftuch an der äußeren Kante mit dem Schrägband einfassen – die vordere Kante jedoch nicht.

3 Den Nickistreifen der Länge nach links auf links falten, die beiden äußeren Schmalkanten jeweils 0,5 cm nach innen einschlagen und feststecken. Diese bleiben offen, um später den Gummibandstreifen einzuschieben. Den Stoffstreifen rechts auf rechts an die vordere Kante des Kopftuches anstecken, festnähen. Dabei beachten, dass es genau mit der Schrägbandkante abschließt. Nahtzugabe versäubern und zum Kopftuch bügeln.

4 Den Stoffstreifen für das Gummiband der Länge nach rechts auf rechts legen und schmalkantig zusammennähen. Wenden und das Gummiband mit einer Sicherheitsnadel durchziehen. Ein Ende des Gummibandes feststecken, Gummi soweit ziehen, bis der gewünschte Kräuseleffekt entsteht (Weite des Bandes ca. 8 cm – 10 cm). Die zweite Schmalseite ebenfalls feststecken und beide Enden des Gummibandes festnähen.

5 Diese beiden Enden in die Öffnungen des Nickibundes schieben, feststecken, bei Bedarf „anprobieren“ und gegebenenfalls korrigieren. Die Nähte mit Geradstich schließen.

Schwierigkeitsgrad
● ●

Größe
35 cm x 19 cm (für Kopfumfang 53 cm – 57 cm)

Material
* Baumwollstoff, bunt-gestreift, 25 cm x 37 cm
* Baumwollstoff, rot-gepunktet, 30 cm x 35 cm
* Jersey- oder Nickistoff, orange gestreift, 40 cm x 8 cm
* Gummiband 12 cm – 14 cm (je nach Kopfumfang) x 2 cm Breite
* Schrägband, gefalzt, orange, 60 cm x 1 cm

Schnittmuster
auf Bogen A

Zuschnitt
Aus dem gestreiften Baumwollstoff das hintere Kopfteil ohne Nahtzugabe, aus dem gepunkteten Baumwollstoff das vordere Kopfteil zuschneiden. Aus dem orangefarbenen Nickistoff das vordere Band und das hintere, kurze Band für das Gummiband aus dem rot getupften Stoff zuschneiden.

Näh-Ideen

Nun haben Sie die wichtigsten Grundtechniken des Nähens erlernt und können Ihre Kenntnisse in die Tat umsetzen. Auf den folgenden Seiten finden Sie inspirierende Beispiele für modische Accessoires, selbstgenähte Geschenkideen und nützliche Kleinigkeiten, die das Leben schöner und leichter machen.

Alle gezeigten Näh-Ideen beruhen auf den im Grundkurs erlernten Techniken. Neben Ideen für einfache Modelle finden Sie Anleitungen für anspruchsvollere Projekte. Sie können anhand von Schwierigkeitsgraden auswählen, an was Sie sich zuerst wagen wollen; sind Sie noch nicht so geübt, beginnen Sie erst einmal mit einfachen Projekten. Mit etwas Übung können Sie dann schon bald detailreichere Modelle nähen.

Wenn Sie den eleganten Stil lieben, sollten Sie z. B. gleich auf Seite 36 blättern. Hier zeigen wir Ihnen eine edle Clutch, gefolgt von romantischen Armstulpen und einem lieblichen Umhängetäschchen. Für die Wohnung gibt es ein edel glänzendes Rundkissen aus Wildseide. Pragmatische Gemüter finden passende Modelle z. B. ab Seite 56, wo wir Ihnen eine wasserabweisende Wachstuchtasche in fröhlich bunten Farben präsentieren und eine praktische E-Book-Hülle, die den E-Reader vor Außeneinwirkungen stylisch schützt und auch als ein gutes Geschenk für den Liebsten funktioniert. Auch für Kinder zeigen wir Ihnen wunderschöne Modelle, vom Baby-Lätzchen bis zum Kuschel-Elefant.

Sämtliche Modelle können anhand der Schrittanleitungen leicht nachgearbeitet werden. Sie können sie aber auch nach Belieben in Material und Farbe, teilweise sogar in ihrer Größe, abwandeln. Wählen Sie aus, was am besten zu Ihnen passt!

Lassen Sie sich von der Vielfalt des Nähens überraschen: Wenn Sie die Grundtechniken einmal erlernt haben und etwas Zeit und Fantasie mitbringen, sind Ihrer Kreativität keine Grenzen gesetzt. Vielleicht haben Sie ja auch schon bald ein neues Lieblingshobby?

Bei jeder Näh-Idee finden Sie eine umfassende Material-Liste. Legen Sie sich die benötigten Materialien vor dem Anfertigen des Modells zurecht und lesen Sie die Anleitung sorgfältig durch, bevor Sie anfangen. Auch Angaben zur verwendeten Technik und zum Schwierigkeitsgrad sind enthalten. Nicht noch einmal aufgeführt sind die Hilfsmittel. Orientieren Sie sich dafür an Seite 6–11 im Grundkurs.

Die einzelnen Näh-Ideen sind in folgende Schwierigkeitsgrade unterteilt:

einfach
●

etwas schwieriger
● ●

anspruchsvoll
● ● ●

Bucheinband

1 Das Volumenvlies auf die linke Seite des Seidenstoffes bügeln, die Bügeleinlage auf die linke Seite des Baumwollstoffes bügeln.

2 Mit einem Markierstift und einem Lineal auf die rechte Seite der Seide diagonale Linien in einem Abstand von ca. 5 cm aufzeichnen, sodass ein Rautenmuster entsteht, und dieses mit dem Geradstich nachsteppen.

3 Die beiden Stoffstreifen rechts auf rechts legen und mit einer Nahtzugabe von 1 cm zusammennähen, versäubern und ausbügeln. Danach die Naht von der rechten Seite schmalkantig absteppen.

4 Jetzt das Buch zur Probe mittig auf die genähte Außenhülle legen und das Buch (wie im fertigen Zustand) einschlagen. Somit kann die Position des Gummibandes festgelegt werden. Diese befindet sich ca. 4 cm – 5 cm von der nach innen umgeschlagenen Kante. Die Stelle sowohl an der oberen als auch an der unteren Kante mit Stecknadeln markieren.

5 Das Gummiband nun rechts auf rechts auf diese beiden markierten Stellen des rückwärtigen Bereiches so feststecken, dass beide Enden an den Schnittkanten liegen.

6 Den Innenstoff dem äußeren der Größe nach nochmals anpassen, beide Stoffteile rechts auf rechts legen, feststecken und rundum zusammennähen. Dabei an einer Schmalseite eine Wendeöffnung von ca. 12 cm offen lassen.

7 Die Nahtzugaben gleichmäßig zurückschneiden, an den Ecken die Nahtzugaben bis knapp an die Naht schräg zurückschneiden.

8 Die Hülle komplett wenden und die Nähte vorsichtig herausholen und ausbügeln. Dabei die Wendeöffnung zustecken. Nun die komplette Hülle bügeln und die Wendeöffnung zunähen.

9 Zur Anprobe das Buch öffnen, mittig auf die linke Seite der Buchhülle legen und die beiden Enden der Hülle jeweils nach innen um die Buchvorder- und Rückseite einschlagen, dabei das Buch schließen. Die beiden oberen und unteren Kanten der Buchhülle knappkantig mit Stecknadeln fixieren.

10 Das Buch vorsichtig herausnehmen und die oberen und unteren Kanten knappkantig von der rechten Seite zusammensteppen. Dabei den Nahtanfang gut vernähen. Jetzt kann das Buch wieder in die Buchhülle geschoben und mit dem Gummiband geschlossen werden.

Technik
Einlagen (Seite 10)
Verstürzen (Seite 26)

Schwierigkeitsgrad
● ○ ○

Größe
In unserem Beispiel
14,8 cm x 21 cm

Material:
* Seidenstoff in Petrol, 17 cm x 52 cm,
* Baumwollstoff bunt, 52 cm x 10 cm
* Baumwollstoff uni für das Innenfutter, 27 cm x 52 cm
* Volumenvlies H 630, 17 cm x 52 cm
* Bügeleinlage G 705, 10 cm x 52 cm
* Gummiband, 25 cm

Zuschnitt
Hierfür einen Schnitt von dem entsprechenden Buch erstellen. Dazu die Vorderseite, den Buchrücken und die Rückseite des Buches im geschlossenen Zustand messen, um die notwendige Grundbreite und -höhe zu ermitteln. An den beiden Außenkanten jeweils 10 cm für den Einschlag mit einkalkulieren. Auch die Höhe des Buches messen, dabei sollte die Höhe des Schnittes maximal 1,5 cm – 2 cm höher als das Buch selbst sein. Diese Schnittform der Länge nach so teilen, dass die obere Hälfte einem Drittel und die untere Hälfte zwei Dritteln des Buchmaßes entspricht. Nun aus dem petrolfarbenen Stoff und dem Volumenvlies den breiten Streifen plus 1 cm Nahtzugabe und aus dem bunten Stoff und der Bügeleinlage den schmalen Streifen plus 1 cm Nahtzugabe zuschneiden. Für die Innenseite aus dem unifarbenen Stoff die komplette Höhe und Länge plus der angegebenen Zugaben zuschneiden.

Clutch

1 Die Vlieseline auf die Rückseite der Filzfläche aufbügeln. Dabei ein Bügeltuch verwenden, um den Filz zu schonen.

2 Die linke Seite des Filzes auf die linke Seite des Lederzuschnittes legen. Dabei steht an der jeweiligen Schmalkante der Filz ca. 2 cm über.

3 Die beiden Flächen an den beiden Außenkanten mit dem Geradstich schmalkantig aufeinander nähen.

4 Die beiden jeweils 2 cm großen Filzüberschüsse an beiden Schmalkanten auf die rechte Lederseite umschlagen, mit Stecknadeln (oder Büroklammern) an der Lederkante fixieren und mit einem schmalen Zickzack-Stich schmalkantig von der rechten Seite absteppen. Somit ist die Lederschnittkante eingefasst und die Tascheninnen und -außenseite bekommt eine Abschlussborte.

5 Jetzt eine Schmalkante um 12 cm nach oben einschlagen – dabei liegen die Filzseiten aufeinander.

6 Die beiden Außenkanten schmalkantig aufeinander nähen, Nahtanfang und -ende dabei gut vernähen.

7 Jetzt wird der Magnetknopf angenäht. Hierzu die Rückseite des äußeren Taschenumschlages mittig markieren und die eine Hälfte des Magnetknopfes annähen. Die zweite Hälfte durch ein „Probeschließen" der Tasche markieren und an der markierten Stelle die andere Hälfte des Knopfes annähen.

8 Nun den Zierknopf auf die rechte Seite des Taschendeckels aufnähen, dabei vorsichtig durch die Löcher des Magnetknopfes stechen.

Technik
Stoffe (Seite 8)
Einlagen (Seite 10)

Schwierigkeitsgrad
● ○ ○

Größe
16,5 cm x 25 cm

Material
* Leder in Aubergine, 27 cm x 43 cm
* Wollfilz in Grau, 1 mm – 2 mm dick, 26 cm x 47 cm
* Vlieseline G 405, 26 cm x 47 cm
* Magnet-Knopfverschluss
* Zierknopf

Zuschnitt
Für die Ledertasche eine Fläche von 25 cm x 42,5 cm zuschneiden. Dabei darauf achten, dass alle Kanten akkurat und gerade geschnitten sind. Für die Innentasche eine Fläche aus dem Filz in einer Größe von 25 cm x 47 cm zuschneiden.

Stulpen

1 Auf der rechten Stoffseite beider Armstulpen gemäß Markierung des Schnittmusters die drei Biesen mit Kreide oder Markierstift einzeichnen. Den Stoff an diesen Linien so falten, dass die rechte Stoffseite oben ist, mit Stecknadeln fixieren oder von Hand heften. Die Biesen in einem Abstand von ca. 3 mm mit dem Steppstich absteppen, dabei Nahtanfang und -ende vernähen.

2 Die elastische Spitzenborte rechts auf rechts so an der vorderen Stulpenkante feststecken, dass die „Bogenkante" der Spitze nach hinten zeigt. Die Spitze mit einem leicht elastischen Geradstich füßchenbreit annähen und die Nahtzugaben mit einem Zickzack-Stich versäubern.

3 Die Spitzenborte nach oben umlegen, leicht anbügeln und von der rechten Seite ebenfalls füßchenbreit absteppen.

4 Den Saum am hinteren Stulpenende 1 cm einschlagen und mit einem Zickzack-Stich absteppen, um die Nahtzugabe zu versäubern und gleichzeitig den Saum festzunähen.

5 Die Stulpen der Länge nach rechts auf rechts zusammenlegen, mit Stecknadeln fixieren und von Hand oder mit der Nähmaschine mit einem langen Steppstich (5 mm – 6 mm Stichlänge) zur Anprobe heften.

6 Nach der Anprobe die Längsnähte der Stulpen mit einem Zickzack-Stich oder elastischen Geradstich schließen, die Nahtzugaben auf ca. 1 cm zurückschneiden und mit einem breiteren Zickzack-Stich versäubern.

7 Die Nähte leicht anbügeln und die Pulswärmer wenden. Von Hand je ein Röschen auf die Handfläche der Stulpen aufnähen.

Technik
Stoffe (Seite 8)

Schwierigkeitsgrad
● ● ●

Größe
22 cm x 16 cm – 17 cm (am Handgelenk ausmessen)

Material

* Jerseystoff in Türkis, 50 cm x 25 cm (nur elastische Stoffe verwenden)
* elastische Spitzenborte in Creme, 50 cm x 4 cm
* 2 Stoffröschen, ø ca. 18 mm

Schnittmuster
auf Bogen B

Zuschnitt
Individuelle Unterarmlänge sowie Umfang der Handfläche und des Unterarms ausmessen und mit dem Schnittmuster vergleichen, bei Bedarf angleichen. Aus dem elastischen Jerseystoff gemäß Schnittmuster zwei Armstulpen inklusive 1 cm Nahzugabe zuschneiden.

Tipp

Für alle Jerseystoffe unbedingt eine Jersey- oder Stretchnadel zum Nähen verwenden. Die Stärke der Nadel liegt dabei bei 70 bzw. 80.

Leinentasche

1 Das Volumenvlies auf die linke Seite der Leinenzuschnitte, die Vlieseline auf die linke Seite der Innenfutterteile bügeln.

2 Die Stelle markieren, auf der die Borte auf der rechten Seite des Leinenstoffes angenäht werden soll. Die Borte auf die markierten Stellen der Vorder- und Rückseite der Tasche aufstecken und mit dem Geradstich an beiden Seiten schmalkantig aufsteppen.

3 Reißverschluss schließen. Die rechte Seite des Reißverschlusses rechts auf rechts an die obere Taschenkante legen, die Zähnchen des Reißverschlusses schauen dabei nach unten. Reißverschluss feststecken und annähen. Danach die obere Futterkante rechts auf rechts auf den Stoff und Reißverschluss stecken und knapp entlang der Reißverschlusszähnchen festnähen. Futter und Stoff zurückschlagen und auf die gleiche Weise den zweiten Stoff- und Futterzuschnitt an die andere Reißverschlusshälfte annähen.

4 Jetzt den Reißverschluss öffnen und die beiden Futter- und Stoffteile rechts auf rechts übereinanderlegen und rundum feststecken.

5 Die Kordel an Reißverschlussbeginn und -ende zwischen Stoff und Futter einschieben. Dabei liegt die Kordel innerhalb der Tasche.

6 Mit einer Nahtzugabe von ca. 1 cm die Tasche und das Futter rundum zusammennähen – dabei am Boden des Futterstoffes eine Wendeöffnung von ca. 8 cm – 10 cm offen lassen.

7 Die Tasche durch die Wendeöffnung wenden, alle Nähte glattstreichen und vorsichtig ausbügeln. Jetzt nur noch die Wendeöffnung mit Handstichen zunähen.

Technik
Reißverschluss (Seite 22)
Verstürzen (Seite 26)

Schwierigkeitsgrad
● ● ○

Größe
20 cm x 17 cm

Material
* Leinenstoff in Natur, 40 cm x 45 cm
* Polyestertaft in Rot, 40 cm x 45 cm
* Reißverschluss in Rot, 14 cm
* Kordel in Rot, 130 cm
* Zier-Webband, 40 cm x 5 cm
* Vlieseline G 405, 40 cm x 45 cm
* Volumenvlies H 630, 40 cm x 45 cm

Zuschnitt
Für das Taschenaußenteil zwei Teile aus dem Leinenstoff in je einer Größe von 22 cm x 18 cm zuschneiden, für das Innenfutter je zwei Teile in 21 cm x 18 cm zuschneiden.

Cacheur

1 Stoff für Paspelband der Länge nach links auf links falten und bügeln. Stoffstreifen aufklappen, die Kordel so dazwischen legen, dass sie genau in dem gebügelten Falz liegt und den Stoffstreifen wieder zuklappen. Mit Stecknadeln fixieren.

2 Jetzt so knapp wie möglich an der Kordel das Band zusammensteppen – hierzu kann die Einstellung der Nadelposition an der Nähmaschine hilfreich sein.

3 Fertiges Paspelband rechts auf rechts auf eine Längskante des unifarbenen Stoffes legen, feststecken und genau auf der Naht des Bandes aufsteppen.

4 Beide Stoffteile nun rechts auf rechts aufeinander legen, rundum feststecken und mit dem Geradstich 1 cm breit rundum zusammennähen. Dabei an der unteren Kante eine Wendeöffnung von ca. 16 cm offen lassen. Nahtanfang und -ende dabei gut vernähen.

5 Überschüssige Nahtzugaben und die Ecken schmal zurückschneiden, Cacheur wenden, Naht vorsichtig herausholen und alles gut ausbügeln.

6 Den Stoffstreifen für das Bindeband der Länge nach rechts auf rechts zusammenfalten, eine Schmalkante und die Längsseite mit dem Geradstich füßchenbreit zusammennähen. Bindeband mithilfe eines Kochlöffels wenden, ausbügeln, die Nahtzugabe der offenen Schmalkante nach innen schlagen und das komplette Band rundum schmalkantig absteppen.

7 Das Band ca. 7 cm von der oberen Kante beginnend von der hinteren Mitte des Cacheurs aus aufstecken. Dabei wird es aber nicht komplett aufgesteckt, von den vorderen Schmalkanten messend werden ca. 22 cm frei gelassen.

8 Das Band nun auf den Cacheur rundum schmalkantig aufnähen.

Technik

Stoffe (Seite 8)
Einlagen (Seite 10)
Verstürzen (Seite 26)

Schwierigkeitsgrad

●●○

Material

* Wildseide bedruckt in Petrol, ca. 95 cm x 20 cm und 175 cm x 7 cm (für das Bindeband)
* Wildseide unbedruckt, ca. 95 cm x 20 cm
* Vlieseline G 405, 100 cm x 40 cm
* Kordel für Paspel oder fertige Paspel, Durchmesser ca. 1 cm

Zuschnitt

Hüftumfang messen. Die beiden Stoffteile in der erforderlichen Länge und Breite je 1x zuschneiden, ebenso die Vlieseline. Das Bindeband in der erforderlichen Größe (Länge des Hüftumfangs + 90 cm, Breite ca. 7 cm) zuschneiden.
Paspelstreifen: Stoffstreifen aus der unifarbenen Seide in der Länge des Cacheurs und einer Breite von 4 cm zuschneiden.

Schmuckrolle

Schmuckrolle Außenseite

1 Die beiden größeren zugeschnittenen Stoffstreifen mit dem Volumenvlies unterbügeln. Den grünfarbenen Stoffstreifen der Länge nach links auf links zusammenlegen und die Bruchkante bügeln. Diesen Paspelstreifen so zwischen den bunten und den unifarbenen Stoff rechts auf rechts legen, dass alle Schnittkanten aufeinander liegen. Mit dem Geradstich füßchenbreit zusammennähen.

2 Stoff aufschlagen, bügeln und noch einmal genau über der Naht absteppen.

3 Jetzt kann das Samtband an der unteren Kante im Abstand von 4 cm auf den bunten Stoffstreifen aufgesteppt werden. Dabei gut feststecken oder mit Hilfe eines Klebestreifens erst ankleben und anschließend aufsteppen.

Schmuckrolle Innenseite

1 Die Stoffzuschnitte mit der Vlieseline von der linken Seite unterbügeln.

2 Den Stoff für die große, bunte Innenseite der Länge nach links auf links umschlagen. Die obere Umbruchkante wird nun mit dem weißen Stoffstreifen versehen. Diesen hierzu der Länge nach links auf links falten und bügeln. Streifen rechts auf rechts auf die obere Kante der doppelt liegenden Tasche feststecken, alle Kanten liegen dabei aufeinander. Mit dem Geradstich ca. 1 cm breit aufsteppen, mit Zickzack-Stich versäubern. Umbügeln und von der rechten Seite absteppen.

3 Diese Tasche auf den grünen Stoffzuschnitt legen – er füllt somit die Breite aus. Die gemusterte Stoffbahn mit einer Längskante rechts auf rechts auf den grünen Stoff (inkl. Tasche) legen, festnähen.

4 Die längliche hellblaue Innentasche der Länge nach mittig umschlagen und bügeln. Auf die linke Außenkante des gemusterten Stoffstreifens legen, die Schnittkanten liegen hierbei wiederum aufeinander, und an den drei Schnittkanten schmalkantig feststeppen. Jetzt kann die Tasche „geteilt“ werden, indem sie mittig mit Geradstich durchgesteppt wird.

5 Die kleine, aus unifarbenem Stoff zugeschnittene Tasche der Länge nach rechts auf rechts umschlagen und die beiden Außenkanten schmalkantig zusammennähen. Wenden und bügeln. Danach die kleine Tasche auf die untere Kante des petrolfarbenen

Technik
Einlagen (Seite 10)
Verstürzen (Seite 26)

Schwierigkeitsgrad
● ● ●

Größe
52 cm x 30 cm

Material
* Gemusterter Baumwollstoff, 56 cm x 90 cm
* Baumwollstoff in Hellblau uni, 56 cm x 40 cm
* Baumwollstoff in Hellgrün uni, 55 cm x 33 cm
* Baumwollstoff in Weiß, 23 cm x 6 cm
* Seide in Petrol, 34 cm x 16 cm
* Vlieseline G 405, 33 cm x 55 cm
* Volumenvlies H 630, 40 cm x 55 cm
* Samt- oder Satinband, 165 cm x 0,5 cm – 1 cm
* 3 Schlüsselkarabinerhaken
* 2 Druckknöpfe zum Annähen, Metall
* Etwas Füllwatte

Schnittmuster für Innentasche
auf Bogen A

Zuschnitt
Schmuckrolle Außenseite:
Aus dem gemusterten Baumwollstoff ein Steifen von 55 cm x 23 cm, aus dem hellblauen Stoff ein Streifen von 55 cm x 12 cm zuschneiden. Für den Paspelstreifen ein Streifen aus dem grünen Baumwollstoff in der Größe von 55 cm x 4 cm zuschneiden.

Schmuckrolle Innenseite:
Grüner Baumwollstoff: 33 cm x 33 cm
Gemusterter Baumwollstoff: 33 cm x 21,5 cm
Tasche aus gemustertem Baumwollstoff: 26 cm x 23 cm
Tasche aus hellblauem Baumwollstoff: 33 cm x 20 cm
Ringrolle aus gemustertem Baumwollstoff: 18 cm x 8 cm
Weißer Baumwollstoff für Streifen für Tasche aus gemustertem Stoff: 23 cm x 6 cm
Seide: 33 cm x 15 cm
Klappe und kleine Tasche aus der Schnittvorlage entnehmen.

Stoffes aufnähen, der Abstand zur unteren Kante beträgt 1,5 cm, die obere Kante bleibt dabei offen.

6 Den Stoffzuschnitt für die Klappe ebenfalls links auf links legen, schmalkantig zusammennähen dabei eine kleine Wendeöffnung lassen, wenden und bügeln. Die Tasche an die untere Kante des petrolfarbenen Stoffstreifes feststecken und rundum aufnähen. Die obere Kante offen lassen.

7 Danach wird die Klappe ca. 0,5 cm oberhalb der kleinen Tasche auf den petrolfarbenen Stoff angesteckt und schmalkantig aufgesteppt.

8 Für den Ringhalter einen Stoffstreifen von 18 cm x 7 cm aus dem gemusterten Stoff zuschneiden, mit dem Volumenvlies unterbügeln. Der Länge nach links auf links legen. Eine Schmalseite und die Längsseite schmalkantig mit dem Geradstich festnähen. Mit einem Kochlöffelstiel wenden, ausbügeln und mit Füllwatte stopfen.

9 Das offene Ende nach innen einschlagen und knappkantig absteppen. Die Rolle mittig auf den petrolfarbenen Stoff platzieren, der Abstand zur oberen Kante beträgt dabei 2,5 cm. Mit den Geradstich an der oberen Schmalkante der Rolle aufsteppen. Am anderen Ende die eine Hälfte des Druckknopfes und passend die andere Hälfte auf den petrolfarbenen Stoff annähen.

10 Aus dem schmalen Samt- oder Satinband drei Stücke von 5–6 cm Länge schneiden, jeweils zu einer Schlaufe legen, vorher jedoch die Karabinerhaken einhängen und an die obere Kante des grünen Stoffteiles anstecken und festnähen.

11 Jetzt das lange Bindeband mittig an eine Schmalseite des Außenstoffes anstecken – dabei liegt es nach innen. Mit ein paar Stichen festnähen. Die nun fertig gestaltete Schmuckrollen-Innenseite rechts auf rechts auf die Außenseite legen, rundum anstecken und mit einer Nahtzugabe von ca. 1 cm rundum zusammennähen. Dabei die Wendeöffnung von ca. 12 cm offen lassen.

12 Überschüssige Nahtzugaben zurückschneiden und die Schmuckrolle komplett wenden. Gut ausbügeln, die Wendeöffnung zustecken und rundum noch einmal mit dem Geradstich absteppen. Jetzt kann der Knopf von Hand genau mittig auf die Außenseite der Schmuckrolle angenäht werden. Zum Schließen wird die Rolle zusammengerollt und das Band um den Knopf gewickelt.

Schuhbeutel

1 Das Vliesofix unter die Applikation bügeln, beides ausschneiden, Trägerpapier abziehen und auf die Vorderseite des Schuhbeutels aufbügeln.

2 Mit einem schmalen Zickzack-Stich den Schuh rundum aufsteppen, anschließend den Zickzack-Stich etwas enger stellen und ein weiteres Mal übernähen.

3 Den Stoff der Außenhülle der Länge nach mittig rechts auf rechts legen, feststecken und die Seitennähte mit einer Nahtzugabe von ca. 1 cm zusammennähen. Dabei an beiden Seiten 4 cm von der oberen Kante aus gemessen eine kleine Öffnung von 2 cm offen lassen. Die Nähte auseinanderbügeln und einzeln versäubern.

4 Der zugeschnittene Fellimitatstreifen für die obere Kante an der Schmalseite zu einem Kreis schließen, Naht ausbügeln. Den Stoffstreifen nur mit einer Seite an die obere Kante des Schuhbeutels anstecken und füßchenbreit annähen. Naht bügeln.

5 Den Stoff für das Innenfutter der Länge nach mittig rechts auf rechts legen, feststecken und die Seitennähte mit einer Nahtzugabe von ca. 1 cm zusammennähen, dabei an einer Seite eine Wendeöffnung von 15 cm offen lassen. Nahtzugaben auseinanderbügeln und versäubern.

6 Die obere Kante des Futters an die zweite Fellkante rechts auf rechts stecken, festnähen und das Futter so nach innen stülpen, dass die Streifen des Fellabschlusses halb nach außen und halb nach innen zeigen. Naht ausbügeln.

7 Jetzt das Futter und den Außenbeutel an der oberen Kante zusammenstecken und in der Höhe der offenstehenden Seitennähte je zwei Steppnähte parallel zueinander nähen, also ca. 4 cm – 5 cm von der oberen Fellkante. Der Abstand der beiden Nähte beträgt ca. 2 cm (wie die Breite der offenen Seitennaht).

8 Die Kordel in der Mitte teilen und beide Kordelteile jeweils von beiden Seiten komplett durchziehen und die Enden miteinander verknoten.

Technik
Applizieren (Seite 16)

Schwierigkeitsgrad
● ○ ○

Größe
50 cm x 35 cm

Material
* Wildseide (oder Baumwollstoff) in Beige, 50 cm x 40 cm
* Futterstoff in Braun, 50 cm x 40 cm
* Stoff mit Felldruck 10 cm x 80 cm und 20 cm x 20 cm für die Applikation
* Vliesofix, 20 cm x 20 cm
* Kordel in schwarz, 120 cm

Schnittmuster für die Applikation
auf Bogen B

Zuschnitt
Den Beutel aus dem beigen Stoff in einer Größe von 46 cm x 38 cm zuschneiden. Die Applikation gemäß Schnittmuster aus dem Felldruck und dem Vliesofix zuschneiden. Den Stoffstreifen aus Felldruck für die obere Kante zu 38 cm x 9 cm zuschneiden.

Rundes Kissen

1 Die lange Stoffbahn an beiden Längsseiten versäubern. Jetzt muss der Faden zum Einkräuseln der Stoffbahn eingenäht werden. Hierzu mit dem Geradstich und einer Stichlänge von 5 mm – 6 mm an den beiden Längskanten jeweils zwei Nähte füßchenbreit nähen – dabei Nahtanfang und -ende nicht vernähen, sondern die Fäden zum Einkräuseln stehen lassen.

2 Jetzt können die jeweiligen zwei Oberfäden gezogen werden. Die Stoffbahn an beiden Seiten so lange einkräuseln, bis sie die erforderliche Länge hat (Durchmesser des Innenkreises x 3,14). Danach die kurzen Seiten der gekräuselten Bahn zusammenstecken und nähen. Bei Bedarf mit Zickzack-Stich versäubern.

3 Die zwei Halbkreise für die Kissenrückseite von beiden Seiten mit einer Nahtzugabe von 2 cm – 3 cm soweit schließen, dass der Reißverschluss genau dazwischen passt. Naht auseinanderbügeln. Den Reißverschluss im geschlossenen Zustand so einstecken, dass die Zähnchen von der Stoffkante knapp abgedeckt werden. Den Reißverschluss einnähen.

4 Reißverschluss öffnen, den Kreis an eine Kante des gekräuselten Kissenbezuges rundum anstecken und zwischen den gesteppten Kräusellinien feststeppen.

5 Den vorderen Kreiszuschnitt ebenfalls rundum an die zweite Kante der gekräuselten Stoffbahn anstecken und annähen. Die Nahtzugaben mit Zickzack-Stich versäubern. Das Kissen wenden, bügeln und mit einem runden Füllkissen oder Füllmaterial ausfüllen.

Technik
Reißverschluss (Seite 22)
Verstürzen (Seite 26)

Schwierigkeitsgrad
● ● ●

Größe
Durchmesser ca. 60 cm

Material
* Gemusterter Baumwollstoff für vorne, 35 cm x 35 cm
* Gemusterter Baumwollstoff für hinten, 40 cm x 40 cm
* Seide für den Außenrand in Petrol, 200 cm x 38 cm
* Bügeleinlage G 405, 40 cm x 80 cm
* Reißverschluss, 25 cm

Zuschnitt
Den Kreis für die Kissenvorderseite einmal aus dem gemusterten Stoff zuschneiden, die beiden halben Kreise für die Rückseite aus unifarbenem Stoff plus ca. 3 cm Nahtzugabe an den geraden Kanten für den Reißverschluss zuschneiden. Alle drei Teile mit Vlieseline unterbügeln.
Die Stoffbahn aus der petrolfarbenen Seide zu 195 cm x 36 cm zuschneiden.

Tipp

Sie können aus einem Futterstoff in derselben Vorgehensweise ein Innenkissen nähen, mit Füllwatte füllen, und es als Füllkissen für Ihr neu genähtes Kissen verwenden.

Kuschel-Elefant

1 Die Schnittteile für die Ohren rechts auf rechts legen und an den Rundungen zusammennähen. Die geraden Schmalkanten bleiben zum Wenden offen. Nahtzugabe etwas zurückschneiden, Ohren wenden und vorsichtig ausbügeln.

2 Die vier weißen Nicki-Stoffstreifen an die Schnittkanten der Arme und Füße rechts auf rechts legen, feststecken und mit dem Geradstich füßchenbreit annähen, umschlagen und vorsichtig ausbügeln. Mit einem Zickzack-Stich die Nahtzugabe von der rechten Seite übersteppen.

3 Die beiden Ovale für die Augen aus dem weißen Nickistoff ausschneiden. Mit Vliesofix unterbügeln, das Trägerpapier abziehen, die Augen auf das Gesicht platzieren und aufbügeln. Mit einem schmalen Zickzack-Stich und weißem Nähgarn die Ränder langsam umstechen.

4 In die fertig genähten Ohren an der geraden Schnittkante je eine kleine Falte legen und anstecken. Die Ohren nun rechts auf rechts auf das vordere Kopfteil legen, dabei liegen die Ohren mit der Rundung auf dem Gesicht, die geraden Schnittkanten liegen an der Außenkante des Kopfzuschnittes.

5 Die untere Schnittkante des hinteren Kopfteiles mit dem Schrägband einfassen.

6 Das untere Rüsselteil rechts auf rechts auf das vordere Rüsselteil legen, feststecken und an den beiden Längsseiten und der vorderen Rundung füßchenbreit zusammennähen.

7 Jetzt den hinteren Kopfzuschnitt des Elefanten rechts auf rechts auf den vorderen legen, rundum anstecken und füßchenbreit zusammennähen. Dabei bleibt die untere gerade Kante offen. Danach das Kopfteil vorsichtig wenden, die Ohren etwas herausziehen und vorsichtig ausbügeln.

8 Das noch offene untere Rüsselteil mit dem Hals am Vorderteil des Körpers zusammennähen. Falls sich dies mit der Nähmaschine als schwierig erweist, kann diese Naht auch von Hand mit ganz kleinen Handstichen genäht werden.

9 Die obere Kante des Rückenteils mit dem Schrägband einfassen, danach das Vorderteil und das Rückenteil rechts auf rechts legen und rundum, ausgenommen der oberen Kante, füßchenbreit zusammennähen.

10 Die Nahtzugaben vorsichtig zurückschneiden, den Elefanten wenden und vorsichtig ausbügeln.

11 Die beiden Knöpfe auf die weißen Augenflächen von Hand aufnähen, die „Stoßzähne“ auf dem Gesicht mit schwarzem Garn von Hand nähen.

12 Jetzt kann der Elefant durch die hintere „Nackenöffnung“ mit einer Wärmflasche oder einem Kirschkernkissen befüllt werden. Die Öffnung kann entweder mit kleinen Druckknöpfen versehen werden, oder man stopft den Elefanten mit Füllwatte und schließt die Öffnung mit kleinen Handstichen.

Technik
Verstürzen (Seite 26)
Schrägband (Seite 17)

Schwierigkeitsgrad
● ● ●

Größe
40 cm x 32 cm

Material
* Nickistoff in Hellblau, 70 cm x 70 cm
* Nickistoff in Weiß, 20 cm x 15 cm
* Knöpfe mit Steg in Schwarz, ø ca. 1 cm
* Baumwollschrägband in Hellblau, 25 cm
* Rest Vliesofix
* (evtl. 3 kleine Kunststoffdruckknöpfe zum Annähen)

Schnittmuster
auf Bogen B

Zuschnitt
Alle Schnittteile jeweils 1x mit 0,75 cm Nahtzugabe zuschneiden.

Baby-Lätzchen

1 Nach dem Zuschnitt den Baumwollstoff mit dem Nickistoff links auf links zusammenlegen, rundum feststecken und mit dem Geradstich schmalkantig zusammennähen. Der Halsausschnitt wird ebenfalls mit dem Baumwollstoff knappkantig zusammengenäht – dadurch lässt sich das Schrägband leichter auf die beiden Stofflagen aufnähen.

2 Das Schrägband mit der rechten Seite auf die linke Seite um den Halsausschnitt feststecken, dabei wird es geöffnet und im gebügelten Falz fixiert. Mit einem Geradstich 1 mm rechts des gebügelten Falzes das Schrägband aufnähen.

3 Danach nach rechts umschlagen, das Schrägband legt sich dabei schon fast von alleine um die Nahtzugabe, feststecken und erneut schmalkantig von der rechten Seite absteppen.

4 Jetzt die beiden Schmalkanten ebenfalls mit dem Schrägband einfassen, dabei an den beiden Enden zum Halsausschnitt das Band 1 cm nach innen einschlagen.

5 Anschließend rund um das Lätzchen das Schrägband annähen, auch hier von der linken Seite das Band erst festnähen, dann nach rechts umschlagen und absteppen.

6 Druckknöpfe an den hinteren Schmalkanten platzieren und von Hand annähen.

Technik
Schrägband (Seite 17)

Schwierigkeitsgrad
●●○

Größe
40 cm x 30 cm

Material
* Nicki (oder Frottee) in Türkis 45 cm x 35 cm
* Baumwollstoff bunt 45 cm x 35 cm
* Baumwoll-Schrägband in Orange, 1,90 m
* 2–3 Druckknöpfe aus Kunststoff

Schnittmuster
auf Bogen B

Zuschnitt
Den Nickistoff und den Baumwollstoff gemäß Schnittvorlage ohne Nahtzugabe zuschneiden. Den Halsausschnitt ausschneiden und die hintere, mittlere Naht aufschneiden.

Tipps

Bei sehr elastischem Stoff ist es hilfreich, diesen mit einem unelastischen Baumwollstoff zu unterlegen. Anschließend wird es rundum mit einem schmalen Zickzack-Stich miteinander verbunden, dadurch gibt es einen besseren Halt und keinen Verzug.

Wachstuchtasche

1 Das Innenfutter und das Stoffband mit der Vlieseline von der linken Stoffseite unterbügeln. Den Stoffbesatz rechts auf rechts auf das vorder- und rückwärtige Taschenteil legen, feststecken und mit Geradstich füßchenbreit feststeppen. Die Naht zum Stoff hin umlegen und von der rechten Seite schmalkantig absteppen. Jetzt kann die Zierborte schmalkantig auf die Stepplinie aufgenäht werden.

2 Beide Schnittteile der Außentasche rechts auf rechts zusammenlegen, feststecken und die Seiten- und Bodennaht mit dem Geradstich und einer Nahtzugabe von 1 cm zusammennähen. Kurz vor den Ecken die Naht beenden. Anschließend werden die kleinen Quernähte genäht. Hierzu die Schnitt- bzw. Nahtkanten so übereinander legen, dass die Seiten- und Bodennähte übereinander liegen. Die beiden Quernähte von einer Ecke bis zur anderen nähen. Nahtanfang und -ende gut vernähen.

3 Die Innentasche wird in der gleichen Weise zusammengenäht, wobei an einer Seitennaht eine Wendeöffnung von ca. 15 cm offen gelassen werden muss. Nähte ausbügeln.

4 Die Tragegriffe werden der Länge nach zuerst mit der linken Seite nach innen mittig gefaltet und leicht gebügelt. Die Bänder wieder öffnen und beide Außenkanten jeweils zu dem gebügelten Falz einschlagen und umbügeln. Danach das Band nochmals der Länge nach genau in der Mitte nach innen falten und bügeln, die Schnittkanten liegen dabei innen. Somit ist das Band vierfach gelegt und hat dadurch mehr Stabilität.

5 Die beiden Bänder jeweils an den Außenkanten knappkantig mit dem Steppstich absteppen, danach noch ein bis zwei Absteppnähte parallel zu den Außennähten in der Mitte des Bandes steppen.

6 Die vier Enden der Bänder jeweils ca. 8 cm von den Seitennähten an die obere Kante der Außentasche stecken, festnähen, die Bänder liegen dabei nach unten, also zur Tasche hin.

7 Nun die Innentasche rechts auf rechts über die Außentasche stülpen, an der oberen Kante anstecken, dabei liegen die Seitennähte exakt übereinander. Mit einer Nahtzugabe von 1 cm die Naht rundum zunähen.

8 Jetzt kann die Tasche durch die Wendeöffnung komplett gewendet, die Wendeöffnung geschlossen und die obere Kante gebügelt und schmalkantig abgesteppt werden. Gerne können Sie nun parallel zur Absteppnaht des Stoffbesatzes weitere Absteppnähte nähen, wie bei den Trägern. Dies gibt der Tasche noch einen zusätzlichen Pfiff.

Technik
Stoffe (Seite 8)
Einlagen (Seite 10)

Schwierigkeitsgrad
● ○ ○

Größe
ca. 47 cm x 36 cm

Material
* Wachstuchstoff gemustert, 85 cm x 40 cm
* Polyester-, Seidentaft oder Baumwollstoff uni, 85 cm x 65 cm
* Spitzenborte in weiß, 80 cm x 1,5 – 2 cm
* Vlieseline G 405 oder H 250, 80 cm x 45 cm

Zuschnitt
Für die Außenseiten der Tasche zwei Wachstuchstücke von 43 cm x 39 cm zuschneiden. Für den Stoffbesatz einen Streifen von 75 cm x 8 cm zuschneiden. Das Innenfutter besteht aus zwei Stücken der Größe 49 cm x 39 cm. Für die Stoffhenkel zwei Stoffbänder von 80 cm Länge und 7 cm Breite zuschneiden.

Fahrradsattelbezug

1 Die beiden Schnittteile von Nickistoff und Wachstuch jeweils links auf links zusammenlegen, feststecken und mit dem Steppstich rundum knappkantig zusammennähen.

2 Das Paspelband, wenn erwünscht, von der hinteren Mitte aus beginnend, rechts auf rechts auf der Wachstuchseite rundum anstecken, dabei den Anfang des Bandes ca. 5 cm über die Wachstuchkante hinaus stehen lassen. Mit dem Steppstich so annähen, dass die Nadel knapp an der Paspelrundung einsticht. Das Ende des Paspelbandes ca. 2 cm überlappend über den Anfang nähen, dabei auch das Ende schräg ins „Leere" laufen lassen.

3 Den Wachstuchstreifen rechts auf rechts an das Sattelteil stecken, dabei von der hinteren Mitte aus beginnen und ca. 2,5 cm als Nahtzugaben überstehen lassen. Den Streifen direkt auf der bereits genähten Nahtlinie rundum annähen, am hinteren Ende ca. 4 cm vorher enden, die kurze Quernaht des Streifens schließen und die restliche Naht schließen und vernähen.

4 Den Fahrradsattel jetzt zum Maßnehmen in den genähten Wachstuchsattelbezug legen und die vordere Spitze leicht abgerundet in einer Länge von ca. 8 cm zustecken. Dies gibt dem Bezug später einen besseren Halt. Den Sattel herausnehmen und die umgesteckte Naht zusteppen. Diese Naht 2 cm vor der Wachstuchkante beenden und gut vernähen. Überschüssige Nahtzugaben zurückschneiden.

5 Die sich dadurch gebildete Nahtzugabe von 2 cm rundum als Tunnel mit Geradstich oder einem schmalen Zickzack-Stich umnähen. Dabei bleiben die beiden vorderen Öffnungen an der gesteppten „Rundnaht" offen.

6 Das Gummiband durch diese Öffnung einziehen, entsprechend raffen und die Enden zusammennähen. Die Öffnung schließen.

Technik
Gummiband (Seite 29)

Schwierigkeitsgrad
● ● ○

Material

* Wachstuchstoff, ca. 30 cm x 50 cm
* Nicki- oder Vliesstoff, ca. 30 cm x 50 cm
* Paspelband in der Länge des Umrisses plus 10 cm
* Gummiband, 60 cm x 1 cm – 2 cm
* Nähmaschinennadel zum Nähen von Wachtuch: Stärke 70 oder 80

Zuschnitt
Den Sattel „kopfüber" auf ein großes Blatt Papier legen und den Umriss (nicht zu eng) abzeichnen. Die Schnittvorlage ausschneiden und einmal aus dem Wachstuchstoff und einmal aus dem Nicki- oder Vliesstoff inklusive 2 cm Nahtzugabe ausschneiden. Den Umriss des Sattels ausmessen, 5 cm zugeben und einen Streifen in dieser Länge und mit 6 cm Breite aus dem Wachstuch zuschneiden.

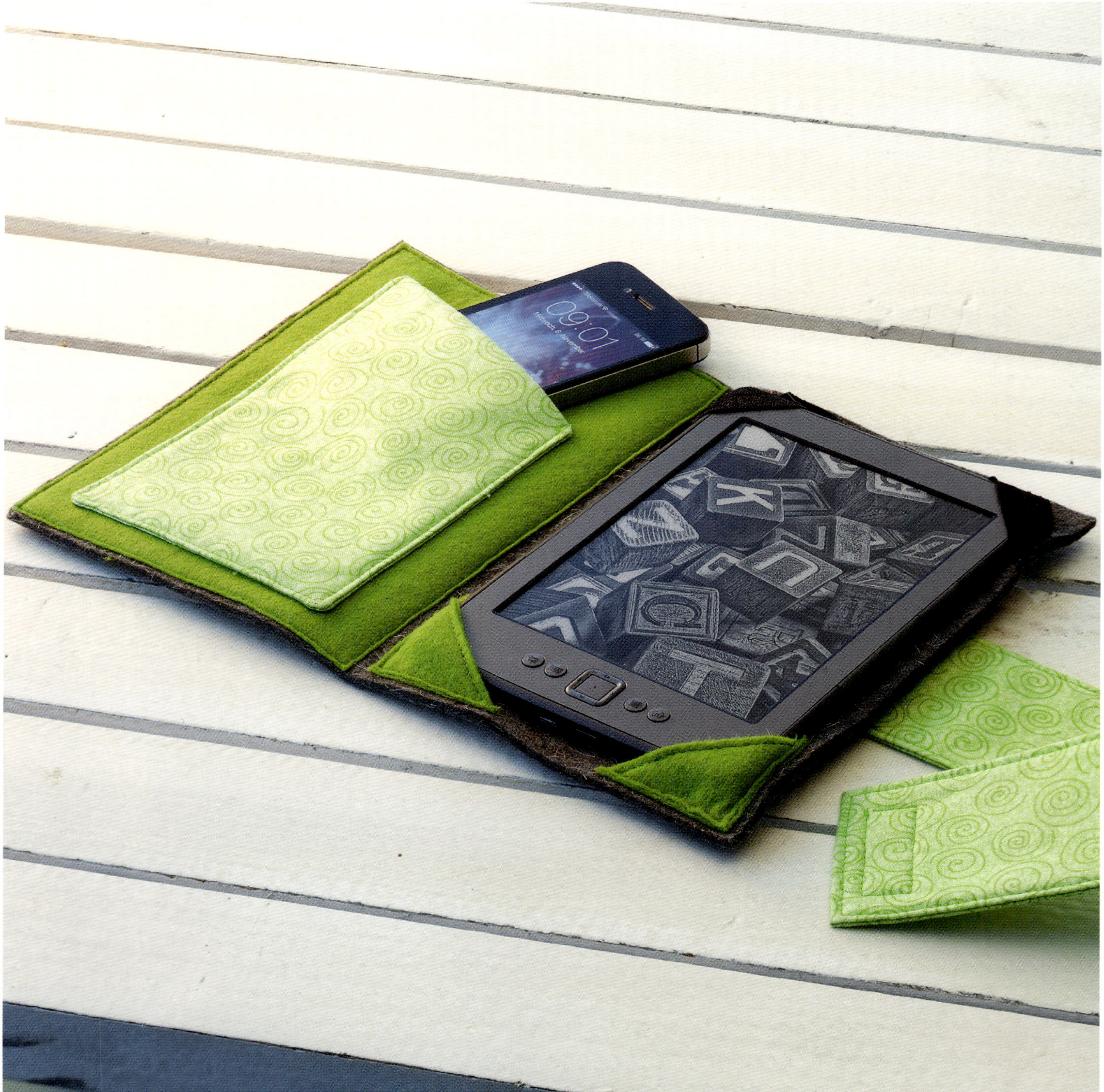
09:01

E-Book-Hülle

1 Die linke Seite der Innentasche mit Volumenvlies unterbügeln.

2 Den Stoff für die Innentasche am unteren Bruch rechts auf rechts legen und die beiden Außenkanten und die obere Kante absteppen. Dabei eine Wendeöffnung offen lassen. Innentasche wenden, gut ausbügeln und schmalkantig absteppen.

3 Innentasche auf den grünen Filz aufnähen, dabei die obere Öffnung offen lassen. Jetzt kann der grüne Filz auf die linke Innenseite der E-Book-Hülle schmalkantig aufgenäht werden. Dabei beachten, dass der Unterfaden der Nähmaschine dieselbe Farbe hat wie der Filz der Hülle, somit sieht man die Steppnaht nicht.

4 Jetzt die kleinen Filzecken auf die rechte Innenseite der Hülle nähen. Hierzu werden sie an die beiden unteren Ecken platziert und an den beiden geraden Kanten parallel zur grauen Filzhülle schmalkantig aufgenäht. Nahtanfang und -ende gut vernähen.

5 Die beiden Gummibänder werden an den jeweiligen Schmalkanten an die beiden oberen Ecken der Filzhülle schmalkantig aufgesteppt. In diese 4 Ecken kann der E-Book-Reader später eingeschoben werden.

6 Den Stoffstreifen für das Bindeband der Länge nach rechts auf rechts legen, eine Schmalkante und die Längsseite zusammennähen und wenden. Das Band gut ausbügeln.

7 Die zweite, noch offene Schmalkante nach innen einschlagen, feststecken und das Band rundum schmalkantig absteppen.

8 Auf das eine Ende des Bandes die eine Hälfte des Klettverschlusses steppen.

9 Jetzt kann das Band auf die rechte, hintere Seite der Hülle genau mittig (ca. 2 cm von der Schnittkante) platziert und mit dem Geradstich aufgenäht werden. Der Klettstreifen zeigt dabei nach oben.

10 Den E-Book-Reader in die Hülle einlegen, schließen, das Band komplett um die Hülle legen und die Position für die zweite Klettverschlusshälfte markieren.

11 E-Book-Reader wieder herausnehmen, die zweite Klettverschlusshälfte aufnähen.

Technik
Stoffe (Seite 8)
Einlagen (Seite 10)

Schwierigkeitsgrad
● ○ ○

Material

* Filz in Grau, 27 cm x 20 cm, 3 mm Stärke
* Baumwollstoff in Grün, 30 cm x 22 cm und 70 cm x 7 cm (Bindeband)
* Filz in Hellgrün, 14 cm x 20 cm und 10 cm x 5 cm (für die Ecken)
* Volumenvlies H 630, 40 cm x 12 cm
* Gummiband, schwarz, 18 cm x 1–1,5 cm
* Klettverschluss, 5 cm

Schnittmuster für die Innentasche
auf Bogen B

Zuschnitt
E-Book ausmessen, in der Länge und in der Breite jeweils 2 cm zugeben.
Filz zuschneiden. Grünen Filz 1x für Innenseite zuschneiden.
Innentasche aus Stoff und Stoffecken ausschneiden – ohne Nahtzugabe.
Aus dem Baumwollstoff einen Streifen für das Bindeband von 70 cm x 7 cm zuschneiden.

Die Reihe „kreativ Plus“ vermittelt Grundlagen zu vielen Kreativ-Themen. Vielleicht wollen Sie auch mal das Filzen mit der Nadel oder das Schmuckdesign ausprobieren? Dann werden Sie hier fündig!

ISBN: 978-3-7724-5976-4

ISBN: 978-3-7724-5082-2

ISBN: 978-3-7724-5081-5

ISBN: 978-3-7724-5084-6

ISBN: 978-3-7724-5080-8

ISBN: 978-3-7724-5079-2

Weitere Titel finden Sie unter www.topp-kreativ.de

Gabriele Moosa Mit Stoffen, Borten, Bändern, Perlen und Knöpfen kann man eine Welt entdecken – und wunderbar schicke Dinge entwerfen, ob Schmuck oder Accessoires, ob Kleidungsstücke oder Homedecorations. Schon immer liebte Gabriele Moosa es, mit all diesen Dingen zu experimentieren – also machte sie ihre Berufung zum Beruf: Nach der Ausbildung zur Damen-Maßschneiderin arbeitete sie als Produkt- und Verkaufstrainerin bei einem Nähmaschinenkonzern; nach einigen Jahren eröffnete sie ihre eigene Maßschneiderei mit Workshop-Area.

Sie möchte die Freude, mit schönen Stoffen zu arbeiten und aus ihnen ganz individuelle Entwürfe zu fertigen, auch weitertragen. Schließlich liebt sie es, zu reisen, Menschen kennenzulernen und sie mit ihrer Freude an der Kreativität anzustecken. Deshalb arbeitet sie nun seit Jahren für unterschiedliche Unternehmen freiberuflich als kreative Unterstützung, als Produkt- und Verkaufstrainerin und Ausbilderin, sie entwirft Näh-Sets und Accessoires und hält Workshops zu allen Aspekten des textilen Gestaltens. Außerdem will sie mit ihren Büchern und ihren monatlichen Auftritten im ARD-Buffet zeigen, mit welcher Gestaltungsfreude man sich mit Stoffen und Kreativprodukten ausdrücken kann.

Hilfestellung zu allen Fragen, die Materialien und Kreativbücher betreffen: Frau Erika Noll berät Sie. Rufen Sie an: 05052/911858*
*Normale Telefongebühren

IMPRESSUM

Wir danken den Firmen Coats (Kenzingen) und Pfaff (Stuttgart) für die freundliche Unterstützung mit Materialien.

PROJEKTMANAGEMENT: Josefine Loimeier

LAYOUT: Katrin Krengel

FOTOS: frechverlag GmbH, 70499 Stuttgart; lichtpunkt, Michael Ruder, Stuttgart

SATZ: Arnold & Domnick, Leipzig

DRUCK UND BINDUNG: Finidr s.r.o., Tschechische Republik

FILMAUFNAHME: teamWerk.Die FilmProduktion GmbH, Stuttgart

1. Auflage 2014

ISBN 978-3-7724-5086-0
Best.-Nr. 5086